MÉMOIRE

A CONSULTER

POUR le Sieur PHILIPPE DE MARIGNY DE MANDEVILLE, Lieutenant des Troupes détachées de la Marine à la Louyfiane.

CONTRE le Sieur de KERLEREC, Capitaine de Vaiffeau, & ci-devant Gouverneur particulier de la Louyfiane.

Monfieur de Kerlerec, après m'avoir tenu étroitement refferré dans une prifon, pendant près d'un mois, & m'avoir enfuite impofé les arrêts, qu'il n'a levés qu'au bout de trois ans, m'a expulfé honteufement de la Colonie, & m'a fait paffer en France, en me chargeant auprès du

A

Gouvernement des délits les plus capitaux & des crimes les plus atroces.

Il m'accuse de révolte, de fédition & de crime de Leze-Majefté, au fecond chef.

»Quant au fieur de Mandeville, dit-il, dans une
» de fes lettres au fieur Titon, fon Secrétaire (1), je
» fuis forcé de croire que dans la foule des opéra-
» tions du Miniftre, les crimes capitaux de révolte
» ont échappé à la connoiffance de Meffieurs Ber-
» rier & de Choifeul. Comme fon crime a été com-
» mis à la face de toute la Nouvelle-Orléans, & que
» (outre la rebellion contre le Service du Roi,) ma
» réputation fe trouve entiérement compromife, je
» cede à la clameur publique, qui eft effrayée pour
» l'avenir, fi on n'en fait pas un exemple. J'expofe
» de nouveau fes délits à M. le Duc de Choifeul,
» je lui expofe en même-tems que je fouhaite qu'il
» n'expie pas fon crime, par un fupplice auffi hon-
» teux qu'il le mérite ; mais je demande juftice exem-
» plaire par longues années de prifon, & la caffe la
» plus humiliante.

»Comme il pourroit fe faire, mon cher Titon,
» pourfuit-il, que l'on ait paffé fous filence les cri-
» mes de ce fanatique, de quel œil a-t-on pu entre-

(1) M. de Kerlerec l'avoit envoyé en France, pour appuyer fes calomnies contre M. de Rochemore, Commiffaire-Ordonnateur de la
Louyfiane ; & il a continué de s'en fervir, pour accréditer celles qu'il
a mandées contre mes camarades & moi, dans fes lettres aux Miniftres & dans celles qu'il affectoit d'écrire à fon Secrétaire, fur le ton
de la confiance ; mais qui n'étoient que des lettres purement often-
fibles.

»voir que je garderois le silence, sur des faits aussi
»attentatoires à l'autorité du Roi, que diffamatoires
»pour mon honneur & ma réputation? Non, mon
»cher, Titon, je n'ai rien à ménager dans le monde
»que cette derniere Partie; l'offense est publique,
»il faut que la réparation soit telle. Le crime est au
»second chef, & si l'offenseur est fondé, il faut me
»faire mon procès; mais je demande en même-tems
»qu'il soit puni suivant les loix, comme calomnia-
»teur, comme séditieux, & comme attentateur à
»l'honneur & à la réputation de son Gouverneur.

Tel est le portrait horrible que M. de Kerlerec
ne craint pas de tracer d'un Officier dont il n'a jamais osé faire constater, d'une maniere réguliere, les
prétendus crimes de révolte & de Leze-Majesté au
second chef.

J'ai été envoyé en prison, puis tenu trois ans aux
arrêts, & enfin envoyé en France pour y subir une
punition exemplaire, sans qu'on ait daigné me faire
interroger, sans qu'on ait pris la précaution d'avoir
fait entendre des témoins, sans qu'on ait voulu me
donner la moindre connoissance des chefs d'accusation portés contre moi; en un mot, sans qu'on ait
rempli aucune forme légale.

Il est aisé, sans doute, de controuver des faits,
d'inventer des calomnies; mais plus l'accusation est
grave, & plus il importoit d'en fixer invariablement
les chefs, sous le sceau d'une information juridique.

Si mon crime est au second chef, M. de Kerlerec
ne pouvoit, sans prévarication, négliger d'en acqué-

rir les preuves, ni me faire ouvrir les prifons, pour m'envoyer aux arrêts.

Un féditieux, un criminel de Leze-Majefté, eft une victime qu'on doit immoler au falut de l'Etat, & qu'un Gouverneur ne peut relâcher, fans fe rendre lui-même coupable du crime dont il lui a préfenté l'impunité. J'étois le maître de me dérober au châtiment par la fuite, & M. de Kerlerec m'a plus d'une fois fait fuggérer de prendre ce parti.

J'aurois même ceffé d'être criminel à fes yeux, fi j'euffe voulu aller infulter M. de Rochemore, Commiffaire-Ordonnateur & Chef du Confeil, & l'accufer en préfence de témoins, d'être l'auteur des troubles de la Colonie. Ses bonnes graces m'étoient offertes à ce prix; mais parce que je n'ai pas voulu me fouftraire au châtiment dont il me menaçoit, parce que j'ai rejetté avec indignation les propofitions infames qui m'ont été faites en fon nom, par le fieur de Pontalbas, parce que ma confcience enfin me difoit qu'un innocent pouvoit être facrifié, mais qu'un honnête-homme ne devoit jamais fe deshonorer, le Gouverneur de la Louyfiane a juré ma perte & n'a pas craint de m'accufer de révolte & de fédition.

Si l'Offenfeur eft fondé il faut me faire mon procès, s'écrie M. de Kerlerec. Je n'accufe pas, je me défends; mais fi je parviens à établir, que loin de violer les Ordonnances, j'en ai perpétuellement réclamé l'exécution; fi je prouve que je ne pouvois, fans trahir tous mes devoirs, entrer dans les vues du Gouverneur, quel fera l'événement de cette étrange conteftation?

Au reste, peut-il être douteux sous un Monarque équitable & bienfaisant, qui ne mérite pas moins le nom de Juste que celui de Bien-Aimé.

Je me hâte donc d'expofer les faits qui ont donné lieu aux perfécutions cruelles dont le poids m'accable; je ne dirai rien, dont je ne fois en état d'adminiftrer la preuve au Miniftre.

F A I T.

Je fuis né Gentilhomme, & mon pere, mort Chevalier de Saint-Louis & Major de la Nouvelle-Orléans, * a emporté dans le tombeau les regrets & l'eftime de tous ceux qui l'ont connu; je me flatte même que les fervices qu'il a rendus à la Colonie font encore préfens à la mémoire du Miniftre, & que perfonne ne croira fans preuves, qu'un fils auquel il avoit infpiré de bonne heure l'amour de la Patrie, ait voulu trahir tous fes devoirs, dans un temps où fa fidélité le mettoit à portée d'obtenir la récompenfe honorable due à la valeur militaire, & où le crime que M. de Kerlerec lui impute, lui auroit fait perdre les biens, la vie & l'honneur.

Né & élevé à la Louyfiane, j'y avois fixé pour toujours le fiege de ma fortune, & mon mariage, fuivi de la naiffance de plufieurs enfans, m'auroit fait aimer ma Patrie, quand je n'aurois pas trouvé un fentiment fi doux au fond de mon cœur. Mais déterminé par cet attrait puiffant qui nous attache aux lieux qui

* Le hazard ou la néceffité ne m'ont point fait paffer les mers. Tenant en France par le fang à des noms illuftres, mes ancêtres n'ont pu être déterminés que par le fervice du Roi à paffer en Amérique où je fuis né.

nous ont vu naître, je n'ai pas feulement imaginé qu'il me fût poffible de vivre dans d'autres climats, ou fous un autre gouvernement.

Ainfi ce feroit me faire injure que de me confondre avec ceux qui ont ofé penfer & dire, qu'ils n'ont pas *traverfé les mers & quitté leur pays pour changer d'air.* Je n'avois point de fortune à faire, & le patrimoine de mes peres fuffifoit à mes befoins.

Toute mon ambition, comme pere, comme Citoyen, comme Militaire, étoit d'infpirer à mes enfans les fentimens de vertu & d'honneur qui m'avoient été tranfmis avec le fang, d'acquérir des connoiffances qui puffent être utiles à la Colonie, & de fervir ma Patrie & mon Roi avec une inviolable fidélité.

On me pardonnera, fans doute, d'infifter ici fur mes fervices, & fur les fentimens patriotiques dont j'ai toujours été animé. Je n'ai pas la ridicule vanité de vouloir me diftinguer de mes camarades : je n'ai fait qu'imiter les exemples de bravoure & de vertu, que la plupart d'entr'eux m'ont donnés, & je ne prétends aujourd'hui que repouffer les imputations flétriffantes par lefquelles M. de Kerlerec effaye depuis trop long-temps de me ravir l'honneur.

Voici ce que penfoit de moi M. de Bienville, ancien Gouverneur de la Louyfiane.

,, Nous Jean-Baptifte de Bienville, Chevalier de ,, l'Ordre Royal & Militaire de Saint-Louis, & Gou- ,, verneur pour le Roi de la Province de la Louyfiane, ,, certifions que le fieur de Marigny de Mandeville a ,, fervi de pere en fils fous mes ordres dans cette Co- ,, lonie ; qu'il s'eſt ▓▓▓▓▓▓▓▓ emporté ▓▓▓▓▓ pour

„le bien du service, & que d'ailleurs il s'attache à
„tout ce qui peut faire un bon Officier; en foi de
„quoi je lui ai donné le préfent Certificat, pour va-
„loir ce que de raifon. Donné à la Nouvelle-Orléans,
„le 8 Juin 1743. *Signé* BIENVILLE.

M. le Marquis de Vaudreuil, qui fuccéda à M. de
Bienville dans le Gouvernement de la Louyfiane, ne
tarda pas à connoître & à s'attacher tous les Officiers
dont il pouvoit attendre d'utiles fervices.

Il eut la bonté de prendre de la confiance en moi,
& de m'employer toutes les fois qu'il en eut l'occafion : la maniere dont il s'exprime fur mon compte
dans le Certificat ci-joint, prouve qu'il étoit con-
tent de mes fervices.

„Nous Pierre de Rigaud, Marquis de Vaudreuil,
„Chevalier de Saint-Louis, Gouverneur pour le Roi
„de la Province de la Louyfiane, certifions que le
„fieur de Marigny de Mandeville, fils du feu fieur
„de Mandeville, mort Major de la Nouvelle-Orléans
„& Chevalier de Saint-Louis, a fervi fous mes or-
„dres, & s'eft toujours comporté avec zele dans tou-
„tes les occafions où je l'ai employé pour le bien du
„fervice; qu'il peut, au défaut d'Ingénieur, en faire
„les fonctions, & particuliérement pour les relevés
„des Cartes & Plans, & que d'ailleurs il s'eft acquis
„l'eftime de fes camarades par fa bonne conduite:
„en foi de quoi nous lui avons figné le préfent cer-
„tificat, pour lui valoir & fervir ce que de raifon
„où befoin fera. Donné à la Nouvelle-Orléans, le
„15 Mars 1753. *Signé* VAUDREUIL.

M. de Kerlerec ayant été nommé pour remplacer M. le Marquis de Vaudreuil, j'avoue que je ne pus me défendre de la furprife qui fut commune à tous les Colons, fur les innovations de ce Gouverneur. Cependant, comme je ne fis jamais éclater mes fentimens intérieurs, parce que cela eût été auffi inutile que dangereux, ce Gouverneur qui n'avoit aucune raifon de mécontentement perfonnel, me donna des preuves publiques de fon eftime, jufqu'au tems où il s'éleva une difcuffion entre deux perfonnes, dont l'une étoit ouvertement protégée par M. de Kerlerec.

Le fieur de Mazan, qui avoit autant de gout pour le commerce Anglois, que M. de Kerlerec lui-même, avoit une habitation voifine de celle du fieur d'Ernerville, premier Capitaine des Troupes de la Colonie. L'habitation du Sieur d'Ernerville étoit fituée de maniere qu'elle ôtoit à celle du fieur de Mazan une partie de fes agrémens ; en bornant confidérablement le point de vue, & en obligeant de prendre un affez long détour pour y arriver de la Ville. M. le Gouverneur alloit fouvent à la Maifon de Campagne du fieur de Mazan ; & il s'agiffoit, pour la rendre auffi délicieufe qu'elle pouvoit l'être, d'envahir une portion du terrein du fieur d'Ernerville. Je voyois le fieur de Mazan, & n'étois pas lié avec le fieur d'Ernerville. Cependant ce dernier attaqué par le fieur de Mazan, propofa un arbitrage, & me choifit ainfi que le fieur Broffet, pour faire, avec deux Experts nommés par le fieur de Mazan, une vérification d'arpentage. Notre unique opération devoit être de reconnoître la

ligne

ligne de féparation des deux habitations, & d'en donner connoiffance au Gouverneur & au fieur Defclau-
faux, Ordonnateur par *interim* à la Louyfiane. Ces
Meffieurs fembloient avoir interpofé leur médiation
dans cette affaire.

Le choix du fieur d'Ernerville furprit & déconcerta
M. de Kerlerec qui connoiffoit ma fermeté & ma
droiture : il chercha donc à faire prendre au fieur
d'Ernerville un autre Arbitre ; mais celui-ci ne voulut
jamais y confentir.

Alors M. de Kerlerec, qui mettoit une chaleur fin-
guliere dans cette affaire, & qui vouloit, à quelque
prix que ce fût, changer les limites des deux habitations, & donner au fieur de Mazan ce qu'il deman-
doit, chargea le fieur Volant, Commandant des
Suiffes, de me voir, & de tâcher de me faire entrer
dans fes vues : cette complaifance pour M. de Kerlerec
devoit contribuer, difoit-il, à mon avancement & à
celui de mon fils ; il n'étoit queftion que de me refufer aux choix de M. d'Ernerville, ou du moins de lui
cacher le réfultat de mes opérations ; fans doute, afin
que M. de Kerlerec fût le maître de juger à fon gré.
*Si vous ne vous prêtez pas à une demande de cette
nature*, ajouta le fieur Volant, *M. le Gouverneur ne
vous le pardonnera jamais, & vous aurez tout à craindre.* Ces menaces ne m'empêcherent point de répondre à la confiance du fieur d'Ernerville. Je commençai
à opérer ; mais voyant qu'on ne vouloit avoir aucun
égard aux limites énoncées dans l'ancien Terrier qui
faifoit loi, je me retirai, me contentant (comme

B

l'honneur m'y obligeoit) d'avertir le sieur d'Ernerville de la supercherie qu'on vouloit lui faire. Les Arbitres du sieur de Mazan étant restés les maîtres, embrouillèrent l'affaire par des opérations inintelligibles. M. de Kerlerec, qui feignit de les entendre, se hâta de rendre, avec M. Desclauseaux, une Ordonnance qui ruinoit le sieur d'Ernerville. L'injustice étoit si criante, que toute la Colonie en fut indignée. On a été forcé de recourir à l'autorité du Roi contre l'Arrêt de faveur, qui sur cette Ordonnance, fut rendu par le Conseil de la Colonie, & il vient en effet d'être cassé au Conseil du Roi.

Mais j'abandonne les faits particuliers, pour parler de ceux qui sont relatifs à l'administration d'un Gouverneur qui s'est permis toutes sortes d'injustices contre moi ; & je ne m'arrêterai qu'aux événemens, qui, par les suites qu'ils ont eues, méritent singuliérement de fixer l'attention du Ministre. Ils sont tels, que si le Gouverneur, sous lequel ils se sont passés, n'a pas été le maître de s'élever arbitrairement au-dessus des Loix qui font la sureté des Colonies en temps de guerre, il est digne de la plus sévere punition, & qu'au contraire ceux qui n'ont pas voulu entrer dans ses vues méritent d'être regardés comme de fideles Sujets du Roi, & non d'être traités & punis comme rebelles, comme séditieux & comme criminels de Leze-Majesté au second chef.

Un Bâtiment ennemi, appellé *le Texel*, commandé par un Juif Anglois, nommé *Dias Arias*, parti de la Jamaïque en 1759, fut arrêté au poste de la Ballise par le sieur de Villiers qui y commandoit.

Cet Officier ayant mis une garde dans ce Vaiſſeau, il vint mouiller devant la Nouvelle-Orléans.

M. de Kerlerec étoit alors à la Mobile, & M. de Belle-Iſle Major de la Nouvelle-Orléans, commandoit en ſon abſence.

M. de Rochemore, Commiſſaire Ordonnateur, le requit de faire ſaiſir ce bâtiment & ſa cargaiſon conſiſtant en *marchandiſes ſeches*, & par conſéquent doublement prohibées. M. de Belle-Iſle l'envoya en effet ſaiſir par l'Aide-Major de la Place.

Le S. de Fontenette Conſeiller au Conſeil Supérieur, fut nommé pour inſtruire la procédure conformément aux réglemens de 1698 & de 1727 ; mais tandis qu'on ſe mettoit en regle, Madame de Kerlerec fit peut-être un peu trop connoître qu'elle prenoit le plus grand intérêt au Juif Dias-Arias. Car ayant fait dreſſer une Requête par le ſieur La Freniere, Aſſeſſeur au Conſeil, elle chargea ſes Agens de la faire ſigner & d'employer, à cet effet, les promeſſes & les menaces. Le ſuccès n'ayant ſans doute pas répondu à ſon attente, on multiplia les noms, en faiſant ſigner juſqu'à deux & trois fois les mêmes perſonnes. Cette Requête ainſi fabriquée, fut expédiée à M. de Kerlerec.

Ce Gouverneur inſtruit de ce qui ſe paſſoit par rapport au vaiſſeau *le Texel*, dreſſa de ſon côté une Requête qu'il ne lui fut pas difficile de faire ſigner à la Mobile par ſes Créatures, & c'eſt à l'aide de ces pieces dictées par la cupidité & le menſonge, qu'il a trompé le Souverain & les Miniſtres ; cependant M. de Rochemore continuoit l'inſtruction relative à la ſaiſie du

Texel, & après l'examen le plus rigoureux & la procédure la plus réguliere, ce vaiffeau fut confifqué au défir des Ordonnances, & la faifie qui en avoit été faite, déclarée bonne & valable. En conféquence il fut ordonné que les marchandifes feroient tranfportées dans les magazins du Roi pour être enfuite vendues publiquement à l'enchere, & que l'argent qui en proviendroit feroit dépofé au Tréfor jufqu'à la décifion du Miniftre.

Ce jugement eft du 9 Avril 1759 ; mais dès le 1 ʃ du même mois, M. de Belle-Ifle reçut ordre de M. le Gouverneur d'empêcher la continuation de l'inventaire, & de s'oppofer, à force ouverte, à ce que l'on pafsât outre : le Commandant obéit, & M. le Gouverneur s'étant hâté de revenir à la Nouvelle - Orléans, il ordonna les Arrêts à M. de Belle - Ifle qui étoit venu le complimenter à la tête des Officiers.

Il le puniffoit ainfi de s'être conformé aux difpofitions des Ordonnances, fe flattant, par cette rigueur, de le forcer d'accepter l'offre que Madame la Gouvernante lui avoit précédemment fait faire par les fieurs de Pontalbas & Volant d'une fomme de vingt - cinq mille livres, pour trahir fon devoir, au fujet de la faifie du vaiffeau Anglois. Mais cet Officier ayant de nouveau rejetté une propofition fi contraire à fes principes & fi indigne de lui, le Gouverneur lui fit fignifier fon interdiction fix jours après, par le fieur de la Houffaye, Capitaine des troupes dans la Colonie. Enfin il n'a ceffé de molefter & de vexer M. de Belle-Ifle jufqu'à ce qu'il eût reçu *l'ordre de caffe* de ce Militaire auſſi reſpectable par ſes longs ſervices que par ſon mérite perſonnel, en ſurprenant par ſes lettres & les intrigues de ſon Secrétaire, la Religion du Miniſtre auquel on n'a pas manqué de le peindre comme un Chef de Séditieux. (a)

Les actes du deſpotiſme le plus intolérable ne tarderent pas à ſe multiplier de la part de M. de Kerlerec. Il tenta d'abord de faire enlever le Commiſſaire Ordonnateur, & il ſe tint chez lui à cet effet deux aſſemblées ſecretes compoſées de ſes Créatures, (b) les 24 & 26 Avril 1759.

Le coup ayant paru trop hardi à l'aſſemblée, le Gouverneur exigea que du moins il fût arrêté que le ſieur Bellot, Secrétaire de M. de Rochemore, (c) ſeroit enlevé : ce qui fut exécuté avec une violence inouie la nuit du 26 Avril 1759. Indépendamment du motif de vengeance qui porta M. de Kerlerec à faire cette injure atroce à M. de Rochemore, il goutoit un plaiſir ſecret à l'avilir aux yeux du Public, & à le priver d'un homme incorruptible, fort in-

___

(a) M. de Kerlerec dit, dans une de ſes lettres au ſieur Titon, ſon Secrétaire relativement à ce fait : *Vous ne ſauriez croire combien on a été ſurpris de voir les bornes que le Roi a miſes à ſes châtimens, & de s'être reſtreint aux ſieurs de Belle - Iſle & Derneville ſeuls ; mais je me donne bien de garde de faire part au Public, & à qui que ce ſoit, de la liberté beaucoup trop modifiée que me laiſſe encore Sa Majeſté de retenir ou de faire exécuter la caſſe de ces deux Chefs ſéditieux.*

(b) On tient ce fait de ceux même qui ont dit s'être oppoſés, dans cette aſſemblée, aux deſſeins de M. de Kerlerec.

(c) Ce Secrétaire logeoit dans les bureaux de Marine, lieu qui devoit être à l'abri de toute violence. Cependant les portes furent enfoncées ſans ménagement, & ce Secrétaire fut jetté nud en chemiſe, hors de la Colonie dans une barque.

telligent & abfolument néceffaire à ce Commiffaire Ordonnateur, dans un pays qui étoit dépourvu de Sujets.

M. de Rochemore averti, par le bruit, de ce qui venoit de fe paffer, fe rendit chez M. le Gouverneur, & lui fit, fur cet enlevement, les repréfentations les plus fages & les plus modérées. M. de Kerlerec lui répondit avec hauteur qu'il n'avoit de compte à rendre de fa conduite qu'au Roi.

Cependant l'Ordonnateur enjoignit au fieur de Fontenette Commiffaire, chargé de la procédure concernant le bâtiment ennemi, de fe tranfporter à bord de ce vaiffeau pour y continuer l'inventaire.

Le Gouverneur l'ayant appris, lui fit fignifier un ordre de laiffer les chofes dans l'état où elles étoient. Ce fut encore le fieur de la Houffaye qui fut porteur de cet ordre.

Dans la matinée du 30 Avril 1759, M. de Kerlerec chargea le fieur Volant, & quelques Officiers de fes Créatures, de fe tranfporter avec l'équipage Anglois, au magazin du Roi pour y enlever les marchandifes inventoriées, puis il fit brifer les fcellés qui avoient été appofés fur les effets du vaiffeau Anglois, & remit le Juif Dias-Arias en poffeffion de tous fes effets.

Cet ordre fut exécuté avec une vivacité extrême, & ce qu'il y eut de plus affligeant pour la Colonie dans cette exécution, c'eft que les magazins du Roi furent ouverts & livrés à la perfide curiofité de nos ennemis, & que leurs intérêts prévalurent fur l'exécution des Ordonnances qui faifoient la fûreté de la Colonie. Au refte tout cela ne fe fit pas fans qu'il en coûtât cher au Juif Anglois : fa cargaifon avoit été eftimée fix cent mille livres.

Pour couronner cette expédition, M. le Gouverneur força le Garde - Magazin de figner que la partie des effets, dépofés dans les magazins du Roi, *avoit été enlevée par les Anglois AVEC TOUTE LA DÉCENCE POSSIBLE.*

Cependant M. de Kerlerec ne pouvant fe diffimuler combien tous les excès auxquel il venoit de fe porter, étoient puniffables, fe hâta de dépêcher en France le fieur Deffalles, fon neveu, & le fieur la Freniere, pour prévenir le Miniftre. Ces deux nouveaux Emiffaires étoient chargés de plufieurs Requêtes femblables à celle que l'on a ci-devant caractérifée, & elles étoient fignées des gens les plus vils dont on avoit auffi publiquement qu'indécemment mandié les fignatures.

M. de Kerlerec violoit ainfi tout droit & toute juftice avec autant de fang froid & de hardieffe, que s'il eût fait exécuter les Ordonnances du Roi.

Ce qui venoit de fe paffer à l'occafion du bâtiment *le Texel*, & les événemens qui en furent la fuite, ouvrirent les yeux des principaux Officiers & Habitans de la Colonie. (*a*)

(*a*) J'aurai l'honneur de remettre fous les yeux du Miniftre les pieces juftificatives qui viennent à l'appui des faits énoncés dans ce Mémoire, & finguliérement l'acte de proteftation que je crus être obligé de dépofer au Greffe du Confeil Supérieur de la Louyfiane pour qu'on ne pût pas m'accufer un jour d'avoir connivé avec les Officiers dont je parle , dans ce qui fe paffa alors aux magazins du Roi. Je regardois ce coup d'autorité de la part de M. de Kerlerec, comme l'abus le plus intolérable des pouvoirs qui lui étoient confiés.

On ne put s'empêcher d'avoir les plus violens soup-
çons fur la conduite du Gouverneur lui-même, &
l'on avoit trop de preuves de fes liaifons avec les Anglois, de la protection qu'il leur accordoit, & fur-
tout de la correfpondance qu'il entretenoit avec le
Gouverneur de la Jamaïque, pour que l'on ne fût
pas dans les plus vives allarmes.

J'ai une habitation confidérable à deux lieues de la
Nouvelle-Orléans, & je n'ai jamais eu d'autre ambition que de cultiver mes terres & de les améliorer.
On ne m'a point vu entrer dans des affaires de commerce, prendre des intérêts dans les fournitures faites
au Roi, ni participer à des gains illicites.

J'ai toujours vécu tranquille dans mes terres, & je
ne me fuis occupé que de mon fervice. M. de Kerlerec qui proteftoit, en arrivant à la Louyfiane,
*qu'il fe mangeroit les bras jufqu'au coude, s'il ne re-
tournoit* (b) *pas en France avec des millions;* eft-il
auffi pur que moi, auffi bon François que ceux qu'il
accufe de revolte & de fédition? c'eft ce que les faits
qui nous reftent à établir, vont achever d'éclaircir.

Les différentes manœuvres auxquelles M. de Kerlerec fe livra en mettant les pieds dans la Colonie,
l'avoient bientôt fait connoître; mais ce qui arriva,
à l'occafion *du Texel,* acheva de manifefter au grand
jour fa façon de penfer. J'en gémis en fecret, me bornant à remplir les devoirs de mon état, & à conti-

____

(b) M. de Kerlerec a tenu ce propos à M. le Marquis de Vaudeuil; ce
Seigneur eft trop ami de la vérité pour ne pas me permettre d'en appeller à fon témoignage.

nuer

nuer de cultiver le gout qui m'avoit toujours porté à
connoître, pour l'utilité de la Colonie, l'intérieur
de ce vaste continent, ses havres, ses côtes, ses rades
& les Isles voisines; ce qui m'a même fait travailler à
une carte générale de la Colonie que j'ai eu l'honneur
de préfenter à M. le Duc de Choifeul.

Il fe préfenta, au commencement de l'année 1759,
une occafion de relever la côte de l'Ouest de l'Isle de
Barataria. Comme l'on n'avoit que des notions très-
imparfaites du giffement de cette côte, & que dans
les circonftances d'une guerre avec l'Angleterre, il
étoit important, à la fûreté de la Colonie, de favoir
fi nos ennemis ne pourroient pas y trouver un abri
commode, & y raffembler leurs forces, je me préfen-
tai à M. de Kerlerec, en lui expofant le deffein que
j'avois formé pour le bien du fervice, de faire la découverte de cette partie. Le Gouverneur m'approu-
va, ainfi qu'on va le voir par la permiffion fuivante.

„ Louis de Kerlerec, Chevalier de Saint-Louis,
„ Capitaine de Vaiffeau, Gouverneur de la Louyfiane.

„ Le fieur de Mandeville, Lieutenant des Trou-
„ pes de cette Colonie, nous ayant demandé la per-
„ miffion de s'embarquer dans la voiture que nous
„ avons permis au Sr Belleamy * d'armer pour aller à la
„ découverte d'un Bâtiment à lui appartenant, qui s'eft
„ échoué à cent lieues ou environ, dans l'Ouest de
„ l'embouchure de Barataria, & le fieur de Mande-

* Le fieur Belleamy, craignant de faire des frais inutiles, ne vouloit plus partir ; mais le zele, dont j'étois animé pour le bien du
fervice, me porta à faire les frais de l'armement & du voyage.

C

,, ville nous ayant témoigné qu'il feroit du bien du
,, fervice de prendre des connoiffances plus exactes,
,, que celles que nous en avons, du giffement de la
,, partie de cette côte qu'il pourra parcourir, nous lui
,, avons accordé avec plaifir ladite permiffion, & lui
,, recommandons de faire dans ce voyage toutes les
,, obfervations qui dépendront de lui. A la Nouvelle-
,, Orléans, ce 2 Janvier 1759. *Signé* KERLEREC.

Je relevai avec le plus grand foin toute cette Côte,
& fis des obfervations qui n'ont pas été inutiles à la
Colonie. Le compte que je rendis à M. le Gouverneur, de mes découvertes & de mes opérations, m'at-
tira de fa part quelques éloges, & il ne put s'empêcher de convenir publiquement que je fervois le Roi
& la Colonie avec un zele peu commun & un courage qui ne fe démentoient jamais. Devois-je m'attendre, que fans avoir rien perdu de ce zele & de
l'amour de mon devoir, je touchois au moment d'être
accufé par ce même Gouverneur, de révolte, de fédition & de crime de leze Majefté au fecond chef? Il
eft vrai que l'acte que je dépofai enfuite au Greffe à l'occafion du Bâtiment Anglois, lui déplut infiniment, &
que depuis ce moment, inftruit à fond de ma façon
de penfer il ne chercha plus que l'occafion de me
perdre.

Le jour même que je fis tranfcrire cette proteftation fur les Regiftres, M. le Gouverneur m'envoya
chercher, & il effaya par de douces & trompeufes
infinuations, de m'amener à une rétractation. Il me
déclara qu'il étoit furpris, que paffant dans le Public

pour un homme fenfé, je me fuffe attaché *à un parti incompatible à mon état*, que j'avois été au magafin *faire une efclandre à ces pauvres Juifs Anglois*, que cela le furprenoit d'autant plus qu'un homme de mon état ne *devoit jamais fe compromettre*; que cela néanmoins ne l'empêcheroit pas de me rendre les fervices qui dépendroient de lui, qu'il avoit déja écrit en Cour pour mon avancement, & que je n'avois qu'à parler. Je remerciai M. de Kerlerec en lui rappellant que je n'avois ni vues d'ambition, ni vues d'intérêt, & qu'ayant toujours bien fervi, je croyois mériter toute fon eftime; je lui repréfentai enfuite, que ce que j'avois fait étoit le fruit des plus mures réflexions, & que je ne pouvois m'empêcher de lui avouer, que je n'avois pas vu de fang froid une troupe de Juifs Anglois dans les magafins & au milieu de la Ville, (j'aurois pu ajouter, *à la table de M. de Kerlerec lui-même*,) tandis qu'ils étoient les auteurs de la divifion qui régnoit dans la Colonie, & qu'ils nous préparoient peut-être encore de plus grands maux.

M. de Kerlerec me répondit qu'il ne tenoit pas à lui que la paix ne regnât dans la Colonie, & qu'il falloit tâcher *de n'avoir tous qu'une même façon de penfer*.

Je me contentai de lui obferver avec tous les ménagemens poffibles, que le Juif Dias-Arias avoit pris chez nous des connoiffances dont il ne manqueroit pas de rendre compte à M. Moore, Gouverneur de la Jamaïque, & que ce Général Anglois tenteroit infailliblement quelque entreprife fur notre Colonie.

C ij

Ma franchife déplut au Gouverneur; mais elle ne le détermina point à changer de principes *. Cependant les Anglois étoient toujours dans la ville, & plufieurs d'entr'eux s'étoient répandus dans les campagnes voifines fous différens prétextes.

La maniere dont M. de Kerlerec avoit reçu le Juif Dias-Arias étoit pour tous ceux de cette Nation qui voudroient commercer à la Louyfiane, une invitation puiffante de s'y rendre, malgré la guerre. Les ennemis de l'Etat étoient furs, à l'abri de la protection de M. le Gouverneur, d'être bien reçus à la Nouvelle-Orléans. M. de Kerlerec, prétextant les befoins de la Colonie, penfoit fans doute que le Miniftre ne pourroit lui rien imputer. Il avoit d'ailleurs la reffource des Requêtes, où il faifoit toujours parler la Colonie au gré de fes defirs **.

On ne fut donc pas étonné de voir arriver dans le mois de Juin fuivant une Goëlette angloife commandée par le Capitaine Boull, qui venoit en droiture de Roderland, fans aucun prifonnier, comme cela eft établi par l'inftruction du procès. La cargaifon de cette Goëlette ne confiftoit, comme celle du

---

* C'eft par une fuite de ces principes, que le Juif étant mort, & que s'agiffant de recueillir fa fucceffion, qui revenoit au Roi par droit d'aubaine, M. de Kerlerec défendit au Procureur des biens vacans, de faire aucunes perquifitions à ce fujet.

** M. de Kerlerec avoit écrit lui-même à M. de Rochemore, qu'il feroit dangereux de confifquer le Vaiffeau du Juif Dias-Arias, parce que c'étoit un homme puiffant & riche, qui pourroit bien à fon retour à la Jamaïque armer des Corfaires, bloquer la Colonie & y tenter des entreprifes. Cette Lettre, qui démafque fi bien l'efprit dont M. de Kerlerec étoit animé, eft du 24 Avril 1759. Elle eft entre les mains de Madame de Rochemore.

Navire le Texel, qu'en marchandifes feches. Ce Bâtiment eut d'abord le même fort que celui de Dias-
Arias; il fut faifi à la Balife par le fieur de Villiers,
Enfeigne-Commandant de ce pofte; mais ces fortes
de faifies, (& c'eft une obfervation importante) n'é-
toient que fimulées & faites feulement pour mettre les
Bâtimens ennemis à l'abri d'être réellement faifis en
montant le fleuve. C'eft ce que prouve l'ordre même du
fieur de Villiers, puifqu'il porte, *pour fubir le fort
qu'en ordonnera M. de Kerlerec.* Il eft donc évident
que ces faifies conditionnelles n'étoient qu'un jeu,
ou plutôt un concert de fraude.

Pendant que la Goëlette montoit le fleuve, M. de
Kerlerec fit demander à M. de Rochemore quels
étoient fes deffeins à l'égard de ce Bâtiment. M. de
Rochemore ayant répondu, que fi elle montoit à la
Capitale, il ne pourroit fe difpenfer de faire exécu-
ter les Ordonnances. * M. de Kerlerec, après avoir

* Par l'Article V, du Réglement du 10 Août 1698, Sa Majefté
fait défenfes à tous Etrangers d'aborder avec leurs Vaiffeaux & autres
Bâtimens dans les Ports & rades des Ifles Françoifes, & de naviguer
aux environs d'icelles, enfemble aux Gouverneurs, Commiffaires &
Officiers de les y recevoir, ni fouffrir, pour quelque caufe & fous
quelque prétexte que ce foit, qu'il en foit déchargé, ni rechargé aucunes Marchandifes; enjoignant Sa Majefté très-expreffément à l'In-
tendant des Ifles de tenir la main à l'exécution de ce que deffus, &
de faire pourfuivre ceux qui lui feront dénoncés avoir part & être
entrés dans ce commerce, fous peine d'en répondre. L'Article III,
du Titre 1, de l'Edit du mois d'Octobre 1727, dit: Les Etrangers ne
pourront aborder avec leurs Vaiffeaux ou autres Bâtimens, dans les
Ports, ances & rades de nos Ifles & Colonies, même de nos Ifles
inhabitées, ni naviguer à une lieue d'icelles Ifles & Colonies, à
peine de confifcation de leurs Vaiffeaux & autres Bâtimens, enfemble du chargement & de 1.000 livres d'amende, qui fera payée foli-
dairement par le Capitaine & les gens de l'Equipage.

gardé quelques jours l'Anglois Boull, prit le parti de renvoyer dans son propre canot ce Capitaine à son bord, sous la sauve-garde d'un détachement commandé par le sieur de Grand-Maison, Capitaine d'Infanterie, qui avoit ordre de ne quitter le Bâtiment que lorsqu'il auroit mis en mer.

Cette évasion procurée au Capitaine Boull, ne pouvoit qu'être très-dangereuse pour la Colonie, attendu qu'il avoit croisé cinq jours avec les Vaisseaux ennemis qui étoient à l'embouchure du fleuve, & qu'on lui donnoit les moyens de leur communiquer les connoissances qu'il avoit prises dans la Colonie.

Les principaux Officiers de la Louysiane, la plupart Habitans & Colons, justement effrayés des suites que pouvoit avoir une pareille conduite avec les ennemis de l'Etat, crurent que ce seroit manquer à leur serment de fidélité, à leur Patrie & à eux-mêmes, s'ils ne s'expliquoient pas avec tout le zele qu'il leur convenoit de montrer dans des circonstances aussi affligeantes. Ils demanderent donc à M. le Gouverneur la permission de lui faire des représentations par écrit. M. de Kerlerec pour gagner du temps, la leur refusa d'abord. Mais lorsqu'il jugea qu'il n'étoit plus possible d'atteindre le Capitaine Boull, il écrivit au sieur Dorville, Aide-Major, une lettre qui doit trouver place ici.

,, Vous aurez pour agréable, Monsieur, de faire
,, avertir tous Messieurs les Officiers, tant ceux qui
,, font fur les habitations, que ceux qui font dans
,, cette ville, que je les prie de se trouver au Gou-

„ vernement demain matin à huit heures, & je verrai
„ volontiers, avec tout le corps, la Requête dont il
„ s'agit fignée d'un nombre de ces Meffieurs. C'eft
„ en conféquence du parti que je prends, Monfieur,
„ que je révoque la défenfe que je vous avois ordonné
„ de leur faire, de la part du Roi, de me la préfen-
„ ter. J'ai l'honneur d'être. *Signé*, KERLEREC.
    Pour copie, figné   *DORVILLE.*
    Les Officiers ne manquerent pas de fe trouver au
Gouvernement à l'heure indiquée, & l'on va juger
fi les repréfentations qu'ils remirent à M. de Kerlerec ne font pas auffi refpectueufes que fortement
motivées.

    „ A Monfieur de Kerlerec, Chevalier de Saint-
„ Louis, Gouverneur particulier de la Louyfiane.

    „ Repréfentations *très-humbles* que les Officiers de
„ cette Colonie ont l'honneur, Monfieur, de vous
„ faire par écrit, relatives à celles que l'on a faites ver-
„ balement de la part du Corps, fur la difpofition
„ actuelle de la Colonie, & les événemens qui l'in-
„ téreffent.

    „ Nous avons l'honneur, Monfieur, de vous obfer-
„ ver, que depuis le commencement de la guerre, les
„ Bâtimens interlopes, fe difant Parlementaires, fe
„ font multipliés dans cette Colonie, fans y avoir
„ donné, pour ainfi dire, aucun fecours pour la vie,
„ & à des prix exorbitans. Que l'on s'eft apperçu
„ trop tard du peu de bien qui en a réfulté, qu'au
„ contraire, l'on voit avec douleur & étonnement,
„ tous les défordres qu'ils ont occafionnés par celui

,, de Dias-Arias qui a allarmé toute la Colonie, qui
,, ulcere le cœur de tous les honnêtes gens qui s'y in-
,, téreſſent ,, & qui met peut-être dans le moment la
,, Colonie à deux doigts de ſa perte ; que ce commer-
,, ce ſuivi depuis ſi long-temps avec les Anglois,
,, joint aux coñnoiſſances intérieures qu'ils ont priſes
,, du pays, nous a attiré une de leurs Frégates ou Cor-
,, ſaires à l'entrée de la Baliſe, qu'elle vient d'y faire
,, cinq priſes, ce dont vous avez dû être informé,
,, Monſieur, par l'avis qu'on vient d'en recevoir par
,, le Capitaine Anglois nommé Boull.

,, Nous avons l'honneur de vous obſerver auſſi ;
,, Monſieur, que le même Anglois eſt entré avec ſon
,, bateau dans le fleuve, & qu'il s'eſt dit Parlemen-
,, taire : que l'Officier, commandant à la Baliſe, ne
,, l'a pas jugé tel, puiſqu'il l'a confiſqué au nom du
,, Roi, ſuivant la piece préſentée aux Officiers du
,, camp Baſtien par le nommé Dumoulin, Caporal
,, de la garde, que le Commandant de la Baliſe avoit
,, mis à bord dudit bateau, dont voici copie.

,, De par le Roi & M. de Villiers, Officier, com-
,, mandant le Fort de la Baliſe : Nous étant emparés
,, pour le Roi d'une Goëlette Parlementaire Angloiſe
,, de Roderland, chargée de marchandiſes prohibées,
,, Nous y avons établi une garde, afin qu'elle ſoit
,, conduite en ſureté à la Nouvelle-Orléans, pour y
,, ſubir le ſort qu'en ordonnera M. de Kerlerec, Gou-
,, verneur de cette Province : c'eſt pourquoi Nous
,, ordonnons au nommé Dumoulin, Caporal, com-
,, mandant ladite garde, de veiller à ſa conſervation,

&

» & qu'il n'y foit rien détourné dans fa route. Fait à
» la Balife le 13 Juin 1759. *Signé* DEVILLIERS.

  » Qu'après cette confifcation, le Capitaine Boull
» eft monté en Ville, qu'il a dit à fon arrivée qu'il
» avoit refté cinq jours dehors avec la Frégate An-
» gloife dont il a défigné les prifes : enfuite, Mon-
» fieur, vous l'avez fait mettre en prifon, avec con-
» figne de ne le laiffer parler à perfonne qu'au fieur
» Caué ; ce qui nous a fait penfer que votre inten-
» tion étoit de fuivre la confifcation faite par le
» Commandant de la Balife ; mais au grand étonne-
» ment de toute la Colonie, vous l'avez le lendemain
» fait fortir & renvoyé dans votre canot avec un dé-
» tachement commandé par un Capitaine, afin qu'il
» puiffe s'en retourner librement. On fait, Monfieur,
» que cette Goëlette eft chargée de marchandifes
» feches & prohibées, que l'on juge être les dépouilles
» des prifes faites par lui, ou fon Compatriote à la
» Balife ; que d'ailleurs nous fommes pleinement in-
» formés qu'il n'a aucun prifonnier, & qu'il eft regar-
» dé comme efpion & comme l'avant-coureur de
» quelque entreprife méditée ; mais comme il eft en-
» core temps de l'arrêter, nous vous fupplions,
» Monfieur, de ne pas vous refufer à nos juftes de-
» mandes. Si cet ennemi de l'Etat fort, voici, Mon-
» fieur, les maux qui en peuvent réfulter.

  » 1°. Qu'il trouvera furement la Frégate ou Cor-
» faire Anglois qu'il vient de quitter, ou autres Bâti-
» mens ennemis, qu'il l'informera des paffes & de nos
» forces, dont il a une entiere connoiffance, étant
» déja venu ici. D

» 2°. Qu'il rendra pareillement compte des Bâti-
» mens qui font dans cette rade, & prêts à fortir
» pour les faire prendre.

» 3°. Qu'il l'informera du grand nombre d'Anglois
» qui font déja répandus dans cette ville & dans les
» campagnes, ainfi que des troubles intérieurs & de
» l'efprit de défunion qui regne dans la Colonie, de-
» puis ce qui s'eft paffé pour Dias-Arias.

» 4°. D'ailleurs, Monfieur, cet homme ne feroit-il
» pas capable de donner de fauffes couleurs à l'ennemi
» fur l'appui que vous voulez lui donner, dans le cas
» décidé où il fe trouve, joint aux bontés que vous
» avez déja eues pour tous les autres ?

» 5°. Si tout, où partie de ce que nous fuppofons,
» venoit à arriver par la fortie de cet homme, com-
» bien ne feriez-vous pas peiné, Monfieur, des im-
» preffions qu'on veut donner à la protection que vous
» lui accordez ? c'eft pourquoi nous vous prions, Mon-
» fieur, que la confifcation de cette Goëlette ait lieu ;
» que le Capitaine & tous les Anglois généralement,
» tant ceux qui font à la ville, que répandus dans les
» campagnes, foient tous emprifonnés, pour qu'au-
» cuns n'aillent à la mer, & ne puiffent informer de
» la fortie de nos Bâtimens & de la foibleffe de la
» Colonie. Il arrivera delà, Monfieur, que les Ports
» Anglois n'étant point informés des arrangemens que
» nous efpérons que vous voudrez bien prendre au-
» jourd'hui, viendront avec la même confiance que
» ci-devant, & les faififfant à leur arrivée, nous nous

» pourrons dédommager des fecours qu'ils viennent
» de nous prendre.

» Quant à l'article du fervice qui concerne la Balife,
» l'on vous a obfervé verbalement, Monfieur, que
» ce pofte avancé étant la clef du fleuve, il convenoit
» qu'il fût commandé par les Officiers de la tête tour à
» tour, & que cette garnifon fût augmentée pour
» pouvoir être en état de prévenir le deffein des en-
» nemis, & s'oppofer à la defcente qu'ils pourroient
» faire à l'entrée du fleuve. Il nous paroît de la der-
» niere conféquence que ce pofte foit établi dans la
» forme que le Corps defire, pour la fureté de la Co-
» lonie & pour le bien du fervice. Nous efpérons,
» Monfieur, que vous voudrez bien faire attention
» aux juftes repréfentations que nous avons l'honneur
» de vous faire, & nous vous prions de croire que le
» feul motif qui nous fait agir dans une circonftance
» auffi critique eft de prouver au Roi notre fidélité
» inviolable, de lui donner des preuves de notre zele
» pour le fervice, & de notre dévouement pour le
» falut de la Colonie. Fait double à la Nouvelle-
» Orléans le 25 Juin 1759. *Signé*, le Chevalier
» d'Ernerville, Grand-Champs, de Reggio, Grondel,
» de Trante, d'Autrie, Dorville, Rocheblave, le
» Chevalier de la Ronde, Broutin, Lallande Dal-
» cour, Mongin, Lavau, Livaudais, le Blanc,
» de L'hommer, & Belle-Ifle fils.

Je me ferois fans doute empreffé de foufcrire cet
écrit, fi j'avois été alors à la Nouvelle-Orléans ; mais
j'avois été détaché pour faire les fonctions de Major

au camp Baſtien , & je ne diſſimulai point à mon retour que j'approuvois les repréſentations qui ve-noient d'être faites ; je m'étois d'ailleurs déja expliqué aſſez clairement dans la conférence que j'avois eue avec M. de Kerlerec le 5 Mai précédent.

Les repréſentations que les Officiers venoient de faire à M. de Kerlerec dévoiloient de la maniere la plus reſpectueuſe , mais la plus forte , les dangers de ſon adminiſtration , diſons mieux , ſes prévarica-tions.

Mais M. de Kerlerec incapable de revenir ſur ſes pas, crut pouvoir ſe tirer d'affaire, en faiſant lecture d'une lettre écrite dans des circonſtances différentes par M. le Comte de Maurepas à M. le Marquis de Vaudreuil. Les Officiers lui firent voir que la Colo-nie ne ſe trouvoit nullement dans le cas de cette lettre , & que d'ailleurs il en exiſtoit d'autres poſté-rieurement écrites par le même Miniſtre , qui détrui-ſoient abſolument celle dont il venoit de leur faire lecture.

M. de Kerlerec jugeant alors que Boull avoit eu aſſez de temps pour rejoindre la Croiſiere Angloiſe, ſe fit un mérite de céder aux repréſentations du Corps, en donnant ordre au ſieur de Reggio Capitaine d'Infanterie, d'aller à la pourſuite du vaiſſeau An-glois & de le ramener à la Nouvelle-Orléans. Il étoit, en effet, vraiſemblable que M. de Reggio ne pour-roit atteindre le Capitaine Boull, & ce ne fut que par une extrême diligence, qu'il le joignit ſur les paſſes du fleuve.

M. de Kerlerec ne put diſſimuler ſa ſurpriſe & ſa colere, quand il apprit que M. de Reggio ramenoit cet Anglois à la Nouvelle-Orléans.

Cependant le Procès fut inſtruit, & le jugement qui intervint ſur les concluſions du Miniſtere public, confiſqua le Bâtiment & ſa cargaiſon, conformément aux Ordonnances.

Tout autre que M. de Kerlerec, qui après avoir laiſſé ſortir ce prétendu parlementaire, auroit donné ordre d'aller à ſa pourſuite, dans un temps où il le croyoit échappé, ſe ſeroit trouvé hors de ſes meſures, en le voyant rentrer dans le port. Le Gouverneur de la Louyſiane imagina cependant un moyen de ſauver le Capitaine Boull; on va juger de la légitimité de ce moyen.

Il avoit l'autorité en main, & quand on eſt à 2500 lieues du Trône, on peut preſque impunément abuſer de ſes pouvoirs. Il oſa donc traiter de ſéditieux ceux qui lui avoient préſenté (après en avoir obtenu la permiſſion) *les très-humbles repréſentations* qu'on vient de rapporter; & cherchant à faire naître la diviſion dans la Colonie, il mit tout en œuvre pour groſſir le nombre de ſes partiſants. Que d'efforts ne fit-il pas pour gagner, pour corrompre ceux même qui venoient de donner une preuve ſi éclatante de leur attachement à leur devoir!

Des Emiſſaires, dont il ſe ſervoit en toute occaſion, ſe répandirent dans la ville, & tâchant d'échauffer l'eſprit du peuple, ils publierent que les vivres qu'apportoient les Anglois, étoient l'unique &

derniere reſſource de la Colonie; ils inſinuerent en même-temps, que tout étoit perdu, ſi on éloignoit ceux qui la faiſoient ſubſiſter; que le Bâtiment du Capitaine Boull étoit un vaiſſeau parlementaire; que la confiſcation, qui venoit d'être prononcée, étoit un acte de violence, qui ne ſeroit funeſte qu'à ceux qui l'exerçoient; que M. le Gouverneur n'y avoit aucune part, & qu'on ne pourroit lui imputer les malheurs dont on étoit menacé. Tels étoient les diſcours artificieux que M. de Kerlerec faiſoit ré-pandre dans le Public, & le feu ſecret qu'il allu-moit dans la Nouvelle-Orléans.

C'eſt auſſi d'après ces perfides inſinuations, qu'il fit rédiger une eſpece de Requête, par laquelle il ſe faiſoit demander, qu'attendu les beſoins de la Colo-nie, (1) il voulût bien accorder la main-levée de la confiſcation prononcée relativement au Bâtiment du Capitaine Boull, & lui permettre l'entrée du port de la Nouvelle-Orléans. Cette Requête qui n'étoit que le fruit des manœuvres les plus repréhenſibles & les plus condamnables, le Gouverneur affecta de la regarder comme préſentant des objets trop conſidé-rables, pour ne pas prendre, avant de la répondre, l'avis des principaux habitans de la Colonie.

On va voir où devoient aboutir les intrigues ca-chées & la profonde diſſimulation de M. de Ker-lerec.

_____

(1) M. Grondel, Commandant des Suiſſes à la Louyſiane, a démon-tré juſqu'à l'évidence, dans ſon Mémoire imprimé, que la Colonie n'a jamais manqué de vivres.

Je prie maintenant qu'on ne perde point de vue, que le Gouverneur, en cherchant à fauver le Capitaine Boull, vouloit perdre tous ceux qui n'entroient pas dans fes vues, & qu'en les éloignant fous différens prétextes du fein de la ville, fon but étoit de continuer impunément fes liaifons & fon commerce avec les ennemis de l'Etat.

M. de Kerlerec ayant promis de mettre en délibération les demandes portées par cette Requête, convoqua l'affemblée du peuple pour le Dimanche, lors prochain, à l'iffue de la Grand-Meffe : nouveauté auffi inouie que dangereufe.

Arrivant de mon habitation, j'ignorois ce qui devoit fe paffer ce jour-là, & ce ne fut pas fans étonnement que je vis, en fortant de l'Eglife, une affez grande quantité de peuple affemblé auprès de la vieille Intendance.

La curiofité me porta de ce côté-là ainfi que plufieurs autres perfonnes, & m'étant approché, je vis le nommé *Caminada*, Proteftant de Geneve, qui lifoit à haute voix, une Requête tendante à demander au Gouverneur, main-levée de la faifie du Navire Anglois & la libre entrée de tous ceux qui fe préfenteroient à l'avenir. Le fieur Caminada & deux autres agens pris dans la plus vile populace, infiftoient avec beaucoup de chaleur fur ce point, & faifoient les derniers efforts, pour faire gouter à la multitude, un projet auffi pernicieux.

Je remarquai qu'à l'exception de quelques perfonnes connues, en très-petit nombre, tout ce qu'il y

avoit de plus méprifable dans la Colonie, compo-
foit cette affemblée, dont l'efprit échauffé fembloit
devoir faire craindre du trouble. Une pareille affemblée n'ayant jamais eu lieu dans la Colonie, je n'a-
vois garde d'imaginer qu'elle eût pu être convoquée
par M. de Kerlerec, & qu'elle dût fe rendre chez
lui. Je crus donc devoir obferver à mes compatriotes, que les demandes de cette Requête ne pouvoient être que contraires à l'avantage de la Colonie,
que le Roi avoit expliqué fes volontés aux précédens
Gouverneurs & Ordonnateurs de la maniere la plus
claire & la plus formelle, qu'il exiftoit plufieurs lettres des Miniftres, qui étoient généralement connues, que même j'étois en état de les leur mettre
fous les yeux, en ayant trouvé des copies exactes dans
les papiers de feu M. Broutin, Ingénieur en chef
Et en effet j'avois fur moi la copie de deux lettres de
M. le Comte de Maurepas, écrites en 1749 & 1750,
à MM. de Vaudreuil & Michel, lors Gouverneur &
Ordonnateur, & j'en fis lecture.

Comme M. de Kerlerec m'a accufé de révolte &
de fédition, pour avoir fait cette lecture, je veux
qu'on décide de la juftice d'une femblable inculpation.
Elles font fi formelles contre le commerce ennemi,
que je ne puis me refufer de les placer ici, duffé-je
encore déplaire en cela à M. de Kerlerec.

MESSIEURS,

M E S S I E U R S,

» Par une lettre du 10 Novembre dernier , M^{rs}.
» de Vaudreuil & Dauberville m'ont rendu compte
» de la procédure inftruite à la Nouvelle - Orléans à
» l'occafion de la faifie faite au mois de Juin précé-
» dent, par le fieur le Large commandant de la flûte
» du Roi le *Parham*, des Negres & marchandifes qui
» compofoient le chargement du Batteau le *Rotham*,
» Capitaine Barrowel, lequel étoit venu à la Louyfiane
» avec des expéditions de Parlementaire.

» Les bâtimens parlementaires ne peuvent point in-
» troduire de marchandifes dans les endroits où ils font
» admis, & ils font dans le cas de la confifcation toutes
» les fois qu'il s'en trouve à bord. Telle eft la regle fur
» cette matiere. Je l'ai déja expliqué à M. de Vaudreuil,
» par une lettre du 4 Novembre dernier ; mais quoi-
» qu'elle ne dût pas être ignorée des Officiers du Con-
» feil Supérieur, & qu'en tout cas l'art. 3 des Lettres-
» Patentes de 1727, qu'ils ont fuivi pour l'inftruction
» de la procédure, ordonne la confifcation de tous
» bâtimens étrangers abordant dans les ports des Co-
» lonies, ils fe font contentés de prononcer celle des mar-
» chandifes faifies par le fieur le Large, & ont non-
» feulement donné la main levée du batteau au Capi-
» taine Anglois, en le déchargeant de l'amende qu'il avoit
» encourue par fa contravention ; mais encore par un
» jugement du 25 Juillet, ils lui ont accordé, fur le
» produit des marchandifes faifies , une indemnité de

E

,, 2000 livres, fous prétexte du pillage qu'il a dit avoir
,, fouffert de la part de l'équipage de la flûte le *Parham*.

,, Vous devez juger combien peu le Roi a eu lieu
,, d'être fatisfait d'un jugement auffi irrégulier ; j'ai
,, cependant engagé Sa Majefté à épargner au Con-
,, feil Supérieur le défagrément de l'avoir caffé par un
,, Arrêt du Confeil d'Etat, perfuadé qu'à l'avenir vous
,, tiendrez exactement la main à ce qu'il fe conforme
,, aux régles dans les cas qui pourront fe préfenter.

,, Par le procès-verbal de la liquidation de cette pri-
,, fe, j'ai vu qu'elle a monté à une fomme de 63187
,, livres, 14 fols, & que, toute déduction faite, il
,, revient au Roi celle de 18540 livres, 11 fols, 9 de-
,, niers, laquelle a été mife en dépôt avec le dixieme
,, de l'Amiral, celui du Capitaine Preneur, & la part
,, appartenante à fon équipage.

,, La part revenante à Sa Majefté, étant deftinée
,, aux travaux des Fortifications, M. Michel pourra
,, l'y employer après en avoir fait faire recette extraor-
,, dinaire dans le compte de la Colonie. Il pourra
,, faire délivrer au fieur le Large, qui retourne dans
,, la Colonie, fon dixieme, & il enverra en France,
,, par le retour du *Parham*, celui de M. l'Amiral avec la
,, part de l'équipage auquel la répartition en fera faite.
,, Je fuis, Meffieurs, & *figné* M A U R E P A S.

Extrait de l'autre Lettre.

,, L'intention du Roi eft donc que vous empêchiez
,, tout commerce avec les Anglois dans la Colonie ;

,, fi quelqu'un s'avifoit d'envoyer ou de conduire quel-
,, ques bâtimens chez eux, il faudroit le punir fui-
,, vant toute la rigueur des Lettres-Patentes du mois
,, d'Octobre 1727.

,, Vous ne devez, fous quelque prétexte que ce
,, puiffe être, admettre dans la Colonie aucuns de
,, leurs bâtimens, & tous ceux qui entreprendront
,, d'y aborder doivent être confifqués, s'ils peuvent être
,, pris; en un mot, vous ne devez, ni tolérer, ni lai-
,, fer impuni aucun commerce avec eux, & Sa Majef-
,, té n'admettroit point d'excufes de votre part fur cela.

,, L'exemple qui a dû être fait contre le bâtiment An-
,, glois que le Sr le Large, commandant la flûte le *Par-
,, ham*, a arrêté en defcendant le fleuve, aura pu produire
,, un bon effet.... Je fuis, Meffieurs, votre affec-
tionné ferviteur.

Signé MAUREPAS.

La lecture de ces deux lettres me parut avoir cal-
mé les efprits ; j'en excepte les Partifans de M. de
Kerlerec qui s'emprefferent de lui aller rendre compte
de ce qui venoit de fe paffer, & de l'informer de la difpofition actuelle où étoit l'affemblée.

Le Gouverneur entra dans la plus grande colère, &
me fit ordonner de me rendre chez lui.

Le premier devoir d'un Officier eft l'obéiffance ;
j'allai fur le champ chez M. de Kerlerec ; ce Gouverneur, en me voyant arriver, me traita *de rebelle &
de féditieux*, en préfence d'une foule confidérable
de perfonnes dont il étoit alors entouré.

Je lui répondis de l'air & du ton le plus modéré :

E ij

» Quand vous faurez, Monfieur, jufqu'où je porte mon
» refpect & mon attachement pour le Prince & la Pa-
» trie, vous ferez fâché d'avoir infulté en moi un Gen-
» tilhomme & un Officier qui n'eft pas fait pour être fi
» indignement traité. Mais, Monfieur, comme après
» ce que vous venez de me dire, je ne puis plus fer-
» vir fous vos ordres, je vous prie de vouloir bien re-
» cevoir ma démiffion, & de m'accorder la permiffion
» de paffer en France.

M. de Kerlerec irrité de l'affurance avec laquelle
j'ofois m'expliquer, crut qu'il pouvoit impunément
abufer de fon autorité, & il m'ordonna, avec autant
de dureté que de hauteur, de me rendre en prifon.

Je m'y rendis à l'heure même, fans me permettre
la moindre replique. La fubordination eft le nerf de
la difcipline militaire, & c'eft aux Officiers d'en donner l'exemple.

A peine M. de Kerlerec m'eut - il éloigné par une
pareille voie, qu'il fit un difcours préparé à ce Peuple qu'il avoit fait venir chez lui; comme ce Gouverneur a répandu plufieurs copies de fa harangue, il doit
m'être permis d'en rapporter ici quelques traits qui
peignent au naturel les fentimens de ce Gouverneur.

Entr'autres menfonges, il dit : » je fais renfermer
» dans la cale, l'équipage des vaiffeaux Anglois, lorf-
» qu'ils entrent dans le fleuve, afin qu'ils ne prennent
» pas connoiffance des paffes.

Rien n'eft plus faux, & il eft notoire que les Anglois ont toujours été libres dans leurs vaiffeaux. Ce

menfonge eft d'autant plus abfurde que perfonne n'ignore que l'équipage étoit néceffaire pour la manœuvre qui ne pouvoit être faite par le feul Pilote envoyé pour faire entrer les vaiffeaux, ni par le Caporal & les trois ou quatre Soldats que l'on ne plaçoit dans ces navires, que pour empêcher des faifies plus férieufes que celles qu'on affectoit de faire à la Balife. C'étoit là l'unique objet de ce petit détachement, & non celui d'une manœuvre trop difficile dans cet endroit pour pouvoir s'en rapporter à des Soldats fans expérience. Il falloit donc que le Pilote fût aidé de l'équipage Anglois pour fonder, gouverner, prendre foin des voiles, touer le navire, mouiller, lever l'ancre, &c. depuis l'entrée du fleuve jufqu'à la Nouvelle-Orléans; ce qui dure 2 5 & 3 0 jours; temps plus que fuffifant pour donner à ces ennemis la connoiffance la plus parfaite du Bas - Fleuve qui fait la principale défenfe de la Colonie.

Ce n'eft pas ainfi que les Prédéceffeurs de M. de Kerlerec opéroient. Nous étions accoutumés, fous leur gouvernement, à combattre les Anglois, & à faifir leurs bâtimens, lorfqu'ils avoient la hardieffe de fe préfenter devant nos Ports. J'aurai l'honneur de mettre fous les yeux du Miniftre, les inftructions qu'ils donnoient à ce fujet.

Mais voici un aveu qui fera rougir tout Lecteur pour M. de Kerlerec. » Je ne puis me taire, dit-il à » ce Peuple, fur les propos injurieux de la part de » quelques féditieux, qui fans doute vous font par- » ler, Meffieurs, en difant qu'ils tiennent des habi-

» tans de la Nouvelle - Orléans, *que j'ai vendu la Co-*
» *lonie aux Anglois.*

On se gardera bien de faire aucunes réflexions sur
une matiere aussi délicate ; mais on ne peut trop s'é-
tonner que ce Gouverneur s'avoue ici lui - même l'é-
cho du Public , & que son organe se prête sans pu-
deur à répéter une accusation aussi capitale.

» Je vous préviens encore , Messieurs, continue M.
» de Kerlerec , que ces mêmes féditieux, vomis sans
» doute par les enfers , non contens de soudoyer des
» ames viles & basses , pour aller dans les derrieres de
» cette ville de cabaret en cabaret y répandre des dif-
» cours injurieux à l'honneur de votre Gouverneur &
» l'autorité de votre Roi, y vont ainsi eux - mêmes tra-
» vestis pour y jouer pareil rôle. Venez donc en braves
» Patriotes & en braves Citoyens dénoncer de pareils
» monstres à la face de Dieu & des hommes pour leur
» faire éprouver les châtimens réservés aux Perturba-
» teurs du repos public.

Dans toutes circonstances, des qualifications de cette
nature sont indécentes dans la bouche d'un Gouverneur. Mais n'est - il pas étrange que M. de Kerlerec
qui mettoit en fait qu'on avoit tenu de sembla-
bles discours , & qui en prévenoit le Public, demande
ensuite à ce même Public qu'il vienne lui en dénoncer
les Auteurs ? C'est ce qui caractérise la calomnie ; car
si on eût rendu à M. de Kerlerec de tels propos ,
peut - on douter que ce Gouverneur n'eût sévi contre
ceux qui les lui auroient rendus, jusqu'à ce qu'ils lui
eussent avoué de qui ils les tenoient , pour en décou-

vrir les auteurs. Il n'y a donc que la paſſion la plus
outrée, & la noire envie d'indigner & de ſoulever le
Peuple qui aient pu lui faire tenir un langage ſi témé-
raire & ſi ſéditieux. Diſons plus, c'eſt ainſi que dans
ce temps de proſcription, ce Gouverneur, d'accord
avec ſes Créatures, les autoriſoit publiquement à lui
dénoncer (1) ceux qu'il vouloit perdre, & que par ce
tiſſu de machinations déteſtables, ils ſe flattoient mu-
tuellement de couvrir leurs iniquités d'un voileimpé-
nétrable.

Un autre motif de M. de Kerlerec en débitant ce
diſcours au peuple, étoit de l'exciter à ſoufcrire la Requête dont Caminada avoit fait lecture, comme je
l'ai ci-devant dit. En effet, cette Repuête étoit placée
ſur une table au bout de la galerie du Gouvernement,
& ce même Caminada, le nommé Laullier, & autres
intéreſſés dans le commerce ennemi, invitoient le
peuple à la venir ſigner (2).

(1) N'a-t-on pas vu ce Gouverneur recevoir du fieur de Billeau une
fauſſe dépofition de laquelle il s'eſt ſervi pour opprimer M. le Chevalier
de Rocheblave ? Dira-t-il qu'il ignoroit qu'elle étoit fauſſe, tandis que
toute la Colonie a voulu le lui prouver ? Ce même fieur de Billeau ne dit-
il pas, dans ſa lettre à M. le Comte d'Halwyl, que M. de Kerlerec l'a
chambré & forcé par menaces de ſigner toutes les infamies poſſibles contre le fieur Grondel ? Le fieur Taupeinem n'a-t-il pas certifié que le fieur
de Billeau lui avoit dit que M. de Kerlerec l'avoit menacé de le faire pen-
dre à l'occafion de la fauſſe dépofition dont nous venons de parler ?
Ainſi il n'ignoroit pas qu'elle étoit fauſſe ; pourquoi s'en ſervoit-il donc
pour l'opprimer ?

(2) La harangue de M. de Kerlerec étant finie, quelques Charretiers
& Portefaix ſe mirent à crier : *Vive Louis de Kerlerec* ; ce qui fut ré-
pété par les créatures de ce Gouverneur, qui, ſe croyant ſuffiſamment
autoriſé par cette Requête, donna de ſa propre autorité la main-levée
de la confiſcation, & permit au Capitaine Boull de vendre en toute
liberté.

L'on doit fentir combien cette populace, peu accoutumée à voir des Gouverneurs mandier fon fuffrage, fut flatée de cette nouveauté. Plufieurs Habitans cependant fe refuferent à cette manœuvre, & fe retirerent fans vouloir figner. Entre ceux-là étoit le fieur de Launay, Syndic & premier Marguillier, lors en charge.

Tandis que le Gouverneur employoit la violence contre les plus fideles Sujets du Roi, & que par une fuite d'intrigues & de manœuvres qui mettoient la Colonie en danger, il cherchoit à accumuler de coupables tréfors, je languiffois dans une étroite prifon, & déplorois les malheurs qui menaçoient ma patrie, Peu fait à des traitemens auffi rigoureux, ma fanté s'altéroit vifiblement, & peu de jours après ma détention, je tombai dangereufement malade. Ma famille allarmée follicita, mais inutilement, ma liberté.

Mes camarades, convaincus de la droiture de mes intentions & de mon innocence, parlerent en ma faveur à M. de Kerlerec, & lui repréfenterent le danger auquel ma vie étoit expofée. Je fais même que dans l'après midi du jour où M. de Kerlerec m'envoya en prifon, plufieurs Officiers qui s'entretenoient devant le Corps-de-Garde, voyant paffer le Sr. Trudeau, qui faifoit fonction d'Aide-Major, lui parlerent en ces termes.

Nous vous prions, Monfieur, de dire de notre part à M. le Gouverneur, qu'il a été mal informé au fujet de M. de Mandeville ; qu'on lui a fait de faux rapports au fujet de cet Officier ; que nous le

prions

prions & même supplions de faire de nouvelles infor-
mations ; que nous espérons qu'il aura égard à la
représentation que nous avons l'honneur de lui faire.

M. de Kerlerec avoit été insensible aux larmes de ma famille ; il ne fut pas plus touché des prieres de mes camarades.

Croirois-je donc qu'il désiroit ma mort ? du moins il ne permit ma sortie qu'après l'avoir différée avec une affectation qui prouvoit toute la haine qu'il m'avoit jurée, & que lorsqu'il ne put la refuser plus long-temps sans trop indisposer contre lui mes camarades & les principaux Habitans de la Colonie. Il exigea même que je serois préalablement vu & visité par des Médecins ; & ce ne fut qu'après le rapport qui lui fut fait de mon état, & la preuve juridiquement constatée, que je ne pouvois être traité dans la prison ; qu'il consentit que je me retirasse sur ma terre à deux lieues de la Nouvelle Orléans. Mais en me donnant cette permission, il m'ordonna, de la part du Roi, d'y garder les arrêts.

A peine fus-je rétabli & eus-je recouvré mes forces, que, toujours affligé des reproches injurieux que M. de Kerlerec m'avoit faits lors de l'Assemblée du 22 Juillet 1759, en me traitant de rebelle & de séditieux, je lui fis demander la permission de passer en France pour me justifier auprès du Ministre ; mais il répondit à la lettre qui lui fut remise de ma part :

» Qu'ayant rendu compte au Roi des raisons qui
» l'avoient obligé de m'imposer les arrêts sur mon ha-
» bitation, il n'avoit garde de prendre sur lui de m'ac-

F

» corder la permiſſion que je lui demandois de paſſer
» en France ſur le Bâtiment Marchand, commandé
» par le ſieur Gaujean, ſans avoir reçu les ordres de
» Sa Majeſté à ce ſujet. Cette lettre, datée du 13
» Octobre 1759, étoit ſignée, KERLEREC.

Il paroît que M. de Kerlerec ſentoit lui-même l'é-
norme abus qu'il faiſoit de ſon autorité, & qu'il crai-
gnoit que l'innocence de ceux qu'il opprimoit avec
tant d'injuſtice, n'éclatât un jour. Il n'y a donc point
d'efforts qu'il n'ait faits pour mettre dans ſes intétêts
ceux d'entre les Militaires qui avoient toujours fait
preuve d'un attachement inviolable à leur devoir.
Mais avoient-ils changé de principes, & l'honneur
leur permettoit-il d'entrer dans ſes vues ?

Quand je ſollicitai ma liberté, il oſa, ainſi que je
l'ai dit, me faire propoſer par le ſieur de Pontalbas, d'aller, en ſortant de priſon, inſulter M. de
Rochemore, Commiſſaire-Ordonnateur, & Chef du
Conſeil ſupérieur. Il falloit l'accuſer, en préſence de
témoins, d'être l'auteur des troubles de la Colonie.
C'étoit par cet excès d'aviliſſement & de lâcheté,
qu'il falloit mériter les bonnes graces du Gouverneur. Il n'eſt pas beſoin d'exprimer ici, l'indignation
avec laquelle je rejettai des propoſitions ſi peu faites
pour moi.

M. de Kerlerec, qui m'avoit traité de criminel de
Leze-Majeſté au ſecond chef, mais à qui il étoit plus
aiſé de me calomnier d'une maniere ſi outrageante,
que de me convaincre du plus léger écart, n'oſa pas
faire inſtruire mon Procès, quoique plus d'une fois

je l'en euffe fait folliciter. Et fans doute, fi j'euffe fo-
menté le trouble & l'efprit de révolte dans la Colonie, M. de Kerlerec auroit été en droit de faire févir
contre moi ; mais il défefpéroit de trouver des ames
affez baffes, pour fe prêter à la perte d'un Citoyen,
qui dans tous les temps, avoit donné des preuves
non fufpectes de fidélité à fon Prince, & d'amour
pour la Patrie.

Le Gouverneur fe contenta donc de me tenir aux
arrêts pendant trois années entieres, & ne pouvant
me faire entrer dans des projets qui tendoient à la
fubverfion de la Colonie, il femble qu'il ait voulu
du moins, m'empêcher de la défendre en cas d'atta-
que. (1) Combien de braves Officiers & de gens
d'honneur, ont éprouvé de fa part d'auffi indignes
traitemens ! Combien aujourd'hui demandent vengeance, des injuftices de ce Gouverneur qui les a
avilis, ruinés, deshonorés !

Un Gouverneur eft un fujet du Roi, qui doit
faire un légitime ufage de l'autorité qui lui eft con-
fiée. Eft-il le maître de fubftituer les excès du def-
potifme le plus intolérable, à la raifon & à la fageffe
d'un Gouvernement équitable & jufte ? Peut-il, au
gré de fes caprices, ouvrir ou fermer les prifons ?
Peut-il, en un mot, écrafer des hommes libres, fous
le poids d'un joug tyrannique, & enchaîner pendant

____

(1) M. de Kerlerec, avant que de me faire paffer en France, me fit
auffi plufieurs fois fuggérer de m'évader. C'étoit le feul moyen de me
donner des torts ; mais je n'eus pas la foibleffe d'entrer dans les vues
de ce Gouverneur.

F ij

des années entieres, l'activité & le courage de Militaires qui doivent leurs services à leur Prince & leur sang à la Patrie ? Sans doute un Gouverneur qui repréfente le Roi au-delà des mers, & qui n'eft que l'interprete de fes volontés, eft coupable des injuftices qu'il commet. Et ce ne fera pas impunément que M. de Kerlerec m'aura détenu en prifon ou aux arrêts, pendant trois années ; ce ne fera pas impunément qu'il m'aura ôté jufqu'à la liberté d'arranger mes affaires domeftiques, lorfqu'il m'a fait partir pour la France, qu'il m'aura deshonoré aux yeux de la Colonie, & que par un trait de noirceur & de méchanceté inconcevable, il m'aura expofé à une mort qu'il croyoit inévitable, en me faifant embarquer fur un vaiffeau, en partie défarmé & manquant de vivres.

Mais ici commence un nouvel ordre de faits, qui vont achever le portrait de M. de Kerlerec, & qui feront connoître l'efprit dont il étoit animé.

Le 15 Juin 1762, je reçus de ce Gouverneur un ordre conçu en ces termes.

» Pour des raifons dont nous rendrons compte au » Roi, il eft ordonné au fieur de Mandeville, Lieu- » tenant dans les Troupes détachées de la marine, » au fervice de cette Colonie, de repaffer fur le Bâ- » timent la Médée, en France, commandé par le » fieur Cochon, Lieutenant de Frégate du Roi. A la » Nouvelle-Orléans, le 5 Juin 1762. *Signé*

KERLERÈC.

Mes arrêts ne furent levés que le 27 Juillet fui-

vant, c'eſt-à-dire, au moment même de l'embarquement.

La Médée n'étoit qu'un ſimple vaiſſeau marchand
de 14 pieces de canon; le Capitaine, qui n'avoit
point une quantité de vivres ſuffiſante, en demanda, offrant de les payer ſur le champ; il demanda
auſſi des fuſils, pour armer 26 ſoldats invalides qu'il
avoit ſur ſon bord; mais le tout lui fut refuſé, avec
une dureté qui indigna toute la Colonie.

Il eſt évident que ce Gouverneur avoit juré ma
perte & celle de tous mes compagnons de voyage,
& qu'il ſe flattoit que nous péririons dans la traver-
ſée; un autre fait qui ne permet pas de douter des
diſpoſitions cruelles dans leſquelles il étoit à notre
égard, c'eſt le propos qu'il tint au Grand-Vicaire du
Canada, actuellement à Paris, & qui ſe diſpoſoit à
repaſſer en France, ſur le vaiſſeau deſtiné à nous y
porter.

M. de Kerlerec le prit en particulier, & lui pei-
gnit les dangers auxquels il s'expoſoit; M. l'Abbé Piquet ne paroiſſant pas ébranlé, le Gouverneur inſiſta
avec beaucoup de chaleur; & lui dit, d'un ton
plus expreſſif encore que les paroles, *croyez-moi, mon
cher Abbé, un Ange deſcendu du Ciel ne s'en ſauve-
roit pas.* En effet ce Gouverneur avoit d'abord com-
mencé par nous affoiblir de deux canons, quoique
toutes nos forces nous fuſſent bien néceſſaires, pour
nous défendre contre des ennemis redoutables, qui
couvroient les mers que nous étions obligés de tra-
verſer. M. de Kerlerec ne l'ignoroit pas, puiſqu'il

avoit appris par le nommé Jérôme, Commandant un Corsaire François, que les Anglois avoient une Flotte considérable, occupée à faire le siege de la Havanne, & plusieurs Frégates mouillées sur les Tortues, (1) pour intercepter tous les Bâtimens François; il savoit d'ailleurs qu'il est impossible de passer de la Louysiane en France, sans venir reconnoître l'Isle de Cube. Plusieurs des Officiers que ce Gouverneur renvoyoit en France, lui écrivirent même pour lui exposer tous les dangers dont nous étions menacés; mais M. de Kerlerec ne fit aucune réponse; aussi ce ne fut que par un bonheur extraordinaire, que nous échappames à la vigilance des ennemis & à l'acharnement d'un Corsaire, que nous combattimes.

Un ennemi intérieur *, bien plus redoutable en-

____

(1) Isle sur la route de la Louysiane à la Havanne.

* Prêts à partir, nous reçumes par le dernier Canot un écrit dont voici la copie. Il étoit adressé à Madame de Rochemore, qui, ayant décacheté la première enveloppe, trouva sur la seconde ces mots.

» Soyez seule pour ouvrir cela, & n'en parlez que sous voile. A Dieu.

Et la Lettre ouverte on y lut, ce qui suit.

» Quand vous serez à la voile, défiez-vous d'Anjoura, Sergent,
» & d'un Caporal, qui ont la réputation en Ville de mettre quelque
» chose dans le bouillon de plusieurs de vous autres; faites-le connoî-
» noître à Cochon. Cela est le trait d'une amie que vous ne connoîtrez
» qu'en France «.

Il est aisé de juger de l'effet que cet avis produisit, lorsqu'après avoir mis à la voile, M. de Rochemore le communiqua au Conseil, qui fut convoqué à cet effet pour délibérer sur le parti qu'il convenoit de prendre dans pareille circonstance. D'Anjoura étoit nommé, mais le Caporal ne l'étoit pas, & ne pouvant distinguer, dans le nombre de quatre qui étoient embarqués, celui qui étoit le coupable, les avis furent d'abord de mettre ces cinq personnes aux fers pendant toute la traversée, puisque la vie de tant de personnes y étoit intéressée.

core, nous pourfuivoit, c'étoit le manque abfolu de fubfiftances. Nous ne tardames pas à reffentir les horreurs de la faim & de la foif, & dans les quatre-vingt-quatorze jours de notre traverfée jufqu'en Efpagne, nous fumes réduits pendant près de deux mois à trois onces de bifcuit & une demi-bouteille d'eau par jour.

Tels font les faits dont j'avois à rendre compte, & je demande à préfent qu'il me foit permis de propofer quelques Obfervations qui ferviront à faire éclater mon innocence, & qui en même-temps contribueront à m'affurer les réparations d'honneur & les dommages & intérêts auxquels M. de Kerlerec doit être condamné envers moi.

OBSERVATIONS.

Je me flatte de m'être conduit d'une maniere irréprochable fous le gouvernement de MM. de Bienville & de Vaudreuil ; ils m'ont donné l'un & l'autre des témoignages complets de fatisfaction. Ceux qui liront les certificats qu'ils m'ont donnés, feront fans doute bien éloignés de me regarder comme un efprit inquiet & brouillon, qui cherchoit à exciter des troubles pour en profiter.

Mais les réflexions que fit M. de Rochemore fur l'injuftice qu'il y auroit à traiter fi durement cinq perfonnes, parce que deux d'entr'elles étoient accufées & fufpectes, empêcherent l'exécution de cet avis. Il fut décidé qu'on leur donneroit connoiffance du billet ; qu'on leur en feroit voir les fuites, & qu'on les rendroit refponfables les unes des autres, s'il arrivoit le moindre accident : en conféquence l'entrée de la cuifine leur fut interdite. Cette précaution nous garantit du danger dont nous étions menacés, & notre étoile nous préferva de ceux annoncés à M. l'Abbé Piquet, par M. de Kerlerec, qui, nous fachant arrivés en France, & écrivant à M. le Marquis de Vaudreuil, lui a marqué : *Il faut que ces gens-là foient invulnérables.*

Né, élevé & marié à la Louyfiane, ainfi que je l'ai dit au commencement de ce Mémoire, j'aurois tout hafardé, honneur, biens & fortune, en traverfant les vues de l'Etat. J'étois plus intéreffé qu'un autre à la confervation de ma Patrie; je vivois foumis aux Loix du pays qui m'avoit vu naître, & je ne flottois pas au gré des intérêts divers, qui pouvoient agiter tant de gens qui étoient venus chercher la fortune de fi loin. Je ne parle pas des raifons de devoir qui déterminoient d'ailleurs ma façon de penfer & d'agir. J'ofe avancer qu'on m'a toujours vu animé du défir le plus ardent de contribuer à la félicité publique.

D'après ces principes, quand je vis arriver nombre de Vaiffeaux ennemis, qu'il plaifoit à M. de Kerlerec d'appeller *Vaiffeaux Parlementaires*; quand la Ville & la Colonie furent remplies d'Anglois, qui venoient prendre chez nous des connoiffances qui pouvoient nous être fi funeftes; quand ce fut une chofe publique & notoire, que M. de Kerlerec étoit en relation avec le Gouverneur de la Jamaïque, & qu'il en recevoit des Lettres *, je ne pus, fans manquer aux devoirs les plus facrés, approuver une conduite que condamnoit la plus faine partie des Habitans & Officiers de cette Colonie.

Mais je dois defcendre dans les détails, & répon-

* On lit, dans une Requête préfentée par le Juif Dias-Arias à M. de Kerlerec, (copie de laquelle collationnée fur l'original par ce Gouverneur de la Louyfiane, eft entre les mains de Madame de Rochemore). On lit, difons nous, dans cette Requête cette phrafe remarquable : » Je crains, Monfeigneur, que vous ne foyez pas informé » que je fuis *adreffé* à votre Excellence par M. Moore, Gouverneur » de la Jamaïque.

dre

dre directement aux différentes accusations intentées contre moi.

Le crime capital que M. de Kerlerec m'impute, c'est de m'être opposé, le 22 Juillet, à la signature de la Requête qui tendoit à faire admettre dans la Colonie les prétendus Vaisseaux Parlementaires Anglois, & d'avoir, le 5 Mai précédent, déposé au Greffe du Conseil un acte, par lequel je protestois contre ce qui s'étoit passé au Magasin du Roi, quelques jours auparavant. Il est vrai, ainsi que je l'ai déja dit, que j'ai lu à mes Compatriotes deux Lettres de M. le Comte de Maurepas, & que j'ai déposé au Greffe du Conseil le 5 Mai 1759, l'acte de protestation dont il s'agit. Voyons donc si c'est-là un délit pour lequel M. de Kerlerec ait pu d'abord m'envoyer en prison, me détenir ensuite aux Arrêts pendant trois ans, & enfin me faire passer en France, pour y subir * le châtiment dû à ceux qui sont criminels de Leze-Majesté au second chef.

On doit un très-grand respect à ceux que le Roi choisit & envoie dans les Colonies pour y être dépositaires de son autorité ; on doit leur obéir dans les choses relatives à leur mission, & jamais il n'est per-

---

* M. de Kerlerec, qui se flattoit que nous serions punis sur sa simple exposition, si, contre son attente, nous arrivions en France, nous fit devancer par une Corvette qu'il avoit frettée aux dépens du Roi, à qui il en a coûté plus de 25000 liv. pour cet objet. Son dessein étoit de nous faire enfermer séparément en arrivant en Europe, pour arrêter, dit-il, dans ses Lettres à ses Agens, *les propos que nous ne manquerions pas de tenir.* Un homme qui n'a rien à se reprocher, ne prend pas tant de mesures ; que lui importe qu'on parle ! Le mensonge se dissipe de lui-même : la vérité demeure éternellement.

G

mis de fortir des bornes de la fubordination & du devoir.

L'obéiffance qu'on doit à un Gouverneur n'eft cependant pas une obéiffance aveugle, & il eft des cas où un Sujet fidéle à fon Roi doit plutôt être foumis aux Loix qu'à celui qui, étant chargé de les faire exécuter, oferoit publiquement les enfreindre : ainfi s'il étoit évident qu'un Gouverneur de Province eût des liaifons fufpectes avec les ennemis de l'Etat, & qu'il violât ouvertement les Ordonnances, qui font la fûreté de la chofe publique, non-feulement ce ne feroit point un crime de refufer d'entrer dans les vues de ce Gouverneur, mais c'en feroit un de lui obéir. Cette obligation rigoureufe & indifpenfable ne s'affoiblit point par la difficulté où l'on fe trouve de faire parvenir des avis certains jufqu'au Trône ; c'eft au contraire dans ces circonftances difficiles, qu'on doit donner des preuves plus éclatantes de la fidélité qu'on doit à fa Patrie & à fon Roi.

Depuis plufieurs années, la Louyfiane étoit environnée de Vaiffeaux ennemis ; les Anglois avoient envahi une partie des poffeffions françoifes. Le Gouverneur de la Jamaïque faifoit des menaces continuelles, & la Nouvelle-Orléans avoit tout à craindre. Les Bâtimens Anglois, qui croifoient dans les parages de la Louyfiane, & qui entroient dans le fleuve, étoient autant d'efpions qui relevoient les côtes, étudioient les diftances & les fituations, & qui s'inftruifoient des forces que nous avions dans la Capitale & dans nos différens poftes. Il eft de notoriété,

& c'eft un fait que M. de Kerlerec ne fauroit nier, que les Anglois ont eu la liberté de fe répandre dans toute la Colonie pendant la guerre, qu'ils entrerent dans les magafins du Roi en 1759, pour enlever les Marchandifes du *Texel*, qu'ils ont toujours très-exactement connu la fituation de la Louyfiane; que plufieurs d'entreux ont été plufieurs fois, & fans doute, vû les circonftances, très-indécemment admis à la table de ce Gouverneur, & que tandis que toute la Colonie étoit dans les plus vives allarmes, M. de Kerlerec leur accordoit toute forte de protection, facrifioit tout pour eux, & entretenoit affez publiquement des liaifons infiniment fufpectes avec M. Moore.

Que pouvoient penfer des Officiers pleins de l'amour de leur devoir, & qui étoient difpofés à défendre la Colonie jufqu'à la derniere goutte de leur fang; des Habitans qui joignoient au titre de Militaires, ceux d'époux & de pere; des Colons dont la fortune & ce qu'ils avoient de plus précieux au monde, leurs femmes & leurs enfans, étoient expofés perpétuellement à devenir la victime de l'ennemi? Pouvoient-ils envifager fans frémir les fuites cruelles de la conduite de M. de Kerlerec?

Et quand ce Gouverneur ofoit prétexter les befoins de la Colonie pour juftifier fa conduite avec les Anglois, pouvoit-on être tranquille, ou fe faire illufion fur les motifs fecrets qui déterminoient toutes fes démarches?

Je n'ai à cet égard qu'un mot à dire, parce que les

preuves font fous les yeux du Miniftre. La Louyfiane eft très-fertile en riz, en mahis, en pois, feves & autres denrées néceffaires à la fubfiftance de la Colonie. Pendant la guerre on y a fait d'abondantes récoltes; nous avons reçu beaucoup de farine, foit de France directement, foit des Colonies Françoifes, ou neutres (1); & enfin on n'a point éprouvé à la Louyfiane les horreurs de la mifere, comme le veut perfuader M. de Kerlerec. Il eft même certain que dans les guerres précédentes elle s'étoit prefque fuffi à elle-même; & cependant on y recueillit bien moins de grains qu'on n'a fait durant la derniere guerre.

D'ailleurs quand ce pays auroit eu befoin des fecours dont M. de Kerlerec a parlé avec tant d'exagération dans fes harangues au Peuple, ce n'étoit point les ennemis qu'il falloit charger de nos approvifionnemens: jamais ils n'ont apporté que des marchandifes feches; il eft de fait, que bien loin d'avoir fourni de farines la Colonie, ils n'en ont peut-être pas eu pour eux mêmes affez de ce qu'ils portoient pour leur long féjour, & leur approvifionnement de retour: ils n'avoient pour objet que de commercer, de prendre des renfeignemens exacts fur les forces & la fituation de la Colonie, & d'en enlever toutes les productions, en échange de chofes de

______

(1) Les Efpagnols, nos voifins, trouvant leurs intérêts à nous fournir de vivres, en ont laiffé charger nos Bâtimens, envoyés à cet effet à la Vera-Crux: ils en ont de même conftamment apporté, & il eft notoire que dans les années 1759, 1760 & 1761, leurs Vaiffeaux nous en ont apporté plufieurs milliers de quarts; & leur importation auroit fans doute été bien plus confidérable encore, s'ils n'avoient éprouvé des vexations fréquentes.

pur luxe dont nous n'avions nul befoin, & qu'ils nous vendoient à un prix exceffif.

M. de Kerlerec ne devoit donc en aucune maniere permettre aux ennemis l'entrée des Ports de la Colonie; & les coups d'autorité qu'il s'eft permis à l'occafion du Bâtiment du Juif Dias-Arias, & de celui du Capitaine Boull, feront toujours, & fous tous les points de vue, des actes de violence inexcufables.

Et jufqu'à quel excès ce Gouverneur n'a-t-il pas porté l'oubli des devoirs? quelles loix la foif des richeffes, dont il étoit dévoré, lui a-t-elle permis de refpecter? Ne l'a-t-on pas vu, pour embraffer toutes les fortes poffibles de commerces, protéger, contre la difpofition précife des Ordonnances, l'établiffement d'une maifon de Juifs à la Nouvelle-Orléans, & la favorifer de préférence aux Habitans François?

Un homme qui court à la fortune n'a rien de facré, & les cendres de fa patrie défolée exciteroient fa joie, fi elle cachoit des tréfors que fes mains criminelles puffent trouver fous des décombres & des ruines.

Toute la Colonie, témoin de fon infatiable cupidité, gémiffoit dans la crainte des plus grands malheurs; & il étoit d'autant plus difficile de les prévenir, ces malheurs, que M. de Kerlerec s'étoit rendu maître abfolu, & qu'aucun pouvoir ne pouvoit balancer fon autorité. Toutes les places un peu confidérables dans le Militaire étoient vacantes, & M. de Kerlerec concentroit dans fa feule perfonne tous les pouvoirs; perfonne ne pouvoit être impunément fidele à ses devoirs. Tant de braves Officiers qu'il a indignement persécutés, prouvent jusqu'à quel excès il portoit le délire du despotisme.

Combien de faits ne pourrois-je pas rassembler ici pour démontrer que M. de Kerlerec, dès son entrée dans la Colonie, n'a songé qu'à accumuler de coupables trésors? *Rem, quocunque modo rem.* Avant l'époque de la derniere guerre, ce Gouverneur caché sans doute sous le nom d'un Marchand de la Nouvelle-Orléans, proposa de fournir de vivres & de subsistances le poste de Pensacole. La lettre qu'il écrivit au Vice-Roi du Mexique pour l'engager à consommer le traité avec le nommé Noguès, décele toute la part qu'il devoit avoir dans cette fourniture. Ce n'est pas la faute du Gouverneur, si le Vice-Roi n'a pas conclu le marché. (1)

Mais si M. de Kerlerec n'a pas réussi de ce côté, quels immenses profits, quels gains excessifs n'a-t-il pas faits d'ailleurs sous le spécieux prétexte du service du Roi! On peut assurer qu'il a gagné plusieurs millions. Les seules *Traites* (2) *exclusives* doivent lui avoir rapporté des sommes énormes. Il en donnoit le Privilege aux Commandans des Postes, & avoit grand soin d'en exclure les Officiers qui ne vouloient pas prendre

(1) On a su que le Vice-Roi du Mexique, à la lecture de la Lettre de M. de Kerlerec, avoit dit fort énergiquement dans sa langue : *Cet homme-là entend la manœuvre. Je ne veux point être de moitié dans tout cela.*

(2) C'est le nom que l'on donne au commerce avec les Sauvages ; le Roi fournit à perte aux *Traiteurs* les marchandises propres à ce commerce.

des arrangemens avec le sieur Titon, son Sécré-
taire. (3)

Il n'étoit permis à aucun habitant de ces Postes d'a-
cheter directement des Sauvages, des pelleteries, du
suif, de l'huile & les autres besoins de la vie: celui qui
commandoit avoit seul ce droit; les habitans étoient
obligés de se fournir chez lui. La moindre plainte sur
cette horrible vexation étoit à l'instant punie. (4)

Et comme je n'avance rien ici dont le Ministre ne
puisse avoir, quand il le désirera, la preuve la plus
complete, je vais me borner à quelques faits particuliers & à quelques citations.

Il n'y a point de Postes où il se soit commis plus
d'actes de violence que dans celui des Illinois, depuis
que le sieur de Neyon, beau-frere de M. de Kerlerec,
y a été placé, en qualité de Commandant : le sieur de
Neyon forçoit les habitans à livrer leurs farines au plus
vil prix sous prétexte du service du Roi. Mais cette
farine qui paroissoit entrer dans les magasins que Sa
Majesté avoit aux Illinois, ne tardoit pas d'en sortir,
ainsi que d'autres marchandises, pour être revendues
à très-haut prix aux Postes voisins occupés par les Anglois. Il est arrivé de-là que le poste des Illinois, au
lieu d'approvisionner en partie, comme ci-devant, la
Nouvelle-Orléans, n'a servi, pendant la derniere
guerre, qu'à faire vivre les Anglois.

(3) M. le Marquis de Vaudreuil a entre les mains une lettre qui constate
ce fait.

(4) Les plaintes portées à M. de Rochemore par les habitans des
Illinois, seront remises au Ministre.

Ainſi tel étoit le nœud d'intérêt qui lioit M. de Kerlerec & ſon beau-frere. Le premier attiroit à la Nouvelle-Orléans, placée à l'extrêmité baſſe de la Colonie, les Anglois. Là, par des motifs de cupidité (1), on forçoit le Commiſſaire-Ordonnateur de faire l'achat de leurs marchandiſes pour le compte du Roi ; & le ſieur Neyon, de ſon côté, faiſoit ſortir par les poſtes *d'en-haut* tout ce qui pouvoit convenir aux Anglois.

Auſſi à quel excès n'ont pas été portées les dépenſes en tout genre, toujours prétendues *néceſſaires*, mais qui dans la vérité n'avoient d'autre objet que de procurer des gains illicites aux agens du Gouverneur, & de les multi-plier ſans ceſſe à la charge du Roi & à la ruine de l'Etat?

Pendant les quatre années que le ſieur de Neyon a eu le commandement du poſte des Illinois, il s'y eſt fait pour plus de trois millions de dépenſes, ſuivant les lettres de change qui ont été tirées ſur le tréſor de la Nouvelle-Orléans. Quel a été le fruit de ces dépenſes exceſſives ? Quel en a été le but, ſi ce n'eſt d'en-richir ceux qui les occaſionnoient ? On ne dit rien de ce qui s'eſt paſſé dans différens autres poſtes, tels que ceux de Tombekbé, des Allibamons, des Nattchito-ches, de la Mobile, d'Akanca, des Natchès, &c. Il s'eſt tiré, en moins de quatre années, du ſeul poſte de la Mobile pour un million & demi de lettres de change.

(1) Le ſieur Titon Secrétaire de M. de Kerlerec, avoue lui-même, dans ſes lettres au ſieur Chevalier, Garde-Magazin aux Illinois, qu'il étoit intéreſſé dans le Commerce avec les Anglois.

Pour

Pour faire fortir de la Colonie les fonds immen-
fes que M. de Kerlerec avoit entre les mains, il avoit
la voie des lettres de Change, que le commerce ennemi lui facilitoit les moyens de fe procurer. Les
Bâtimens Anglois avoient grand foin d'apporter, fuivant les avis qui leur étoient donnés, une partie de
leur cargaifon en marchandifes prétendues utiles au
Roi, pour fournir aux Traiteurs. Alors M. de Kerlerec forçoit, comme je l'ai dit, le Commiffaire-Ordonnateur de les acheter pour le compte du Roi; &
pour que Sa Majefté ne fupportât pas l'agiot de la
Place, le Roi étoit obligé de payer en lettres de Change; par-là les vues du Gouverneur étoient remplies. Les
pelleteries provenantes des traites étoient encore un objet de gain confidérable. Le fieur Titon & autres
agens du Gouverneur, en chargeoient des Bâtimens
qu'ils envoyoient aux Ifles Angloifes, demandant toujours en retour des marchandifes qu'on pût vendre au
Roi; & ces parlementaires François (1) fervoient, comme les Bâtimens Anglois, à faire ce commerce fraudu-
leux, dont toute la perte étoit pour le Roi, & cette
perte étoit énorme.

Enfin je puis citer un fait dont j'ai une entiere
connoiffance. Le Roi a perdu en dix-huit mois de
temps, dans la traite des deux poftes appellés, l'un
Tombekbé & l'autre, *les Allibamonts*, une fomme

____

(1) Les Anglois, plus exaɛts dans l'exécution de leurs loix, en ont
confifqué plufieurs, notamment les Bâtimens des fieurs Viviat, le
Comte & Larrivée.

H

de 160000 livres, & les *Traiteurs*, en suppo-
sant qu'ils n'aient vendu les pelleteries que huit liv.
la livre (tandis qu'elles ont valu jusqu'à 14 & 15
livres) ont gagné, pendant le même espace de temps,
près d'un million. C'est une vérité dont le Ministre
peut avoir la preuve sous les yeux, quand il le défi-
rera.

Non-seulement M. de Kerlerec toléroit ce bri-
gandage horrible, mais il le favorisoit ouvertement
& participoit à ces gains illicites; tout le monde le
voyoit; tout le monde en étoit instruit, & le grand
jour éclairoit ses prévarications.

Or falloit-il, parce que l'on doit l'obéissance à
un Gouverneur, entrer dans ses vues, suivre ses rou-
tes tortueuses, applaudir à ses rapines, se rendre com-
plice de ses manœuvres? Il avoit la puissance en main;
il pouvoit punir, interdire, éloigner, tenir aux arrêts,
jetter dans les cachots de braves Officiers, surpren-
dre le Ministre par ses calomnies & celles de ses
agens, se rendre maître de toutes les lettres, &c.
enfin faire gémir la Colonie sous le joug d'un despotisme intolérable; mais c'est autant de forfaits dont
il est comptable au Souverain, des pouvoirs duquel
il a abusé si odieusement.

Que M. de Kerlerec, au lieu d'élever contre moi
un fantôme d'accusation, en m'imputant des propos
vagues & indéterminés, cite un fait, qu'il articule
un délit, qu'il dise pourquoi mon Roi devoit me
faire enchaîner en arrivant en France, comme on

voit qu'il s'en flattoit par ses propres lettres à son Secrétaire.

Ai-je manqué au devoir d'un Militaire? Messieurs de Bienville & de Vaudreuil, ne m'ont-ils pas, en différentes occasions, comblé d'éloges? Ne m'ont-ils pas donné des témoignages de leur satisfaction? Lors-que M. de Kerlerec lui-même m'a donné des ordres relatifs au service, ne lui ai-je pas obéi avec toute la déférence que je devois à un Gouverneur, qui avoit l'honneur de représenter le Souverain?

Que me reproche-t-il donc? De n'avoir pas ap-prouvé qu'il introduisît les Anglois dans le sein de la Colonie; car il ne m'étoit jamais échappé de dire qu'il laissât le crime impuni, & opprimât l'innocen-ce; qu'il tolérât les monopoles; qu'il s'emparât de ce qui appartenoit au Roi; qu'il ravît le patrimoine de ceux qui osoient être vertueux, pour en enrichir ses créatures; en un mot, qu'il protégeât ouverte-ment les gens les plus décriés, & qu'il les revêtit des places les plus honorables & du soin de rendre la justice aux sujets du Roi. J'étois témoin de toutes ces in-justices, de toutes ces prévarications; j'en gémissois intérieurement; mais ne pouvant remédier à tant de désordres, ni en arrêter le cours, je gardois un pro-fond silence.

M. de Kerlerec ose cependant essayer de se soustraire à la vengeance des Loix, en rapportant une foule de Re-quêtes & de Certificats, dont les signatures ont été man-diées ou extorquées? Mais il s'abuse de la maniere la plus

H ij

étrange ; les regards pénétrans d'un Miniftre éclairé, fauront bien percer les ténebres dans lefquelles il s'enveloppe ; & il rendra une juftice éclatante à ceux qui ont mieux aimé vivre dans l'aviliffement & les fers, pendant plufieurs années, que de manquer à des devoirs inviolables & facrés.

L'honneur, fans doûte, eft le plus précieux de tous les biens, & la fortune n'eft rien, mife en balance avec le témoignage d'une confcience droite & pure : auffi ne traiterai-je que fubfidiairement ce qui regarde les dédommagemens que je fuis en droit de prétendre ; je vais analyfer rapidement les faits, & rappeller en peu de paroles les torts irréparables que ce Gouverneur m'a faits.

1°. Il a été établi, que quoique M. de Kerlerec eût en main le dépôt de l'autorité Royale, il ne pouvoit fortir des bornes toujours prefcrites à un Sujet, ni fubftituer une volonté arbitraire & defpotique aux volontés toujours réglées & fages du Monarque qu'il repréfentoit. Cependant après m'avoir fait emprifonner fans raifon & m'avoir enfuite détenu aux Arrêts pendant trois ans, il a refufé de faire inftruire mon procès & de faire juger légalement *cet homme infame & féditieux*, comme il lui plaît de m'appeller dans fes Lettres à fon Secrétaire. Il a refufé à mes amis, à mes parens & à mes camarades cette même juftice. Il a même affecté de m'éloigner de la Ville, afin que je fuffe hors de portée de la folliciter moi-même.

2°. Il ne m'a pas accordé un feul inftant pour ar-

tanger mes affaires domeſtiques, lorſqu'il m'a fait paſſer en France. Mes arrêts ne furent levés que la
veille de mon embarquement, & je fus par-là con-
traint d'abandonner ma femme, mes enfans & mes
affaires perſonnelles, ſans pouvoir prendre aucune ſor-
te d'arrangemens. Ce départ précipité, joint à une
détention de trois ans, m'a cauſé une perte réelle de
plus de 80000 liv. j'ai ſur cela la notoriété publique,
qui n'a pas beſoin de preuves de détail ; je ſuis cependant en état de les fournir, ces preuves, ſi M. de
Kerlerec oſe conteſter les faits. Mais comment appré-
cier les maux, les peines, les chagrins que m'a cauſé
ce Gouverneur, auteur de la mort de mon frere, venu
ainſi que moi, par ſes ordres, en France.

3°. Enfin, il m'a calomnié dans ſes écrits, & pour
juger de la noirceur des imputations de M. de Kerlerec, il ſuffit de lire les Lettres qu'il écrivoit au nommé
Titon, ſon Secrétaire, en 1762 ; j'aurai l'honneur de
les remettre au Miniſtre. Toute la fureur dont il étoit
animé contre moi s'y manifeſte avec la derniere indé-
cence.

Il craint les témoins de ſes prévarications, & il
demande que ſans les entendre, on les jette dans un
cachot à leur arrivée en France ; mais ces mêmes Lettres s'éleveront éternellement en témoignage contre lui.
Il n'y a qu'une ame déchirée par les remords qui puiſſe ſe
livrer à de pareils tranſports. Si M. de Kerlerec n'avoit
rien à craindre, pourquoi redoutoit-il ma liberté ?
Pourquoi, en demandant que j'en fuſſe privé, vou-
loit-il m'interdire juſqu'au moyen de propoſer mes dé-

fenfes ? ou plutôt, fi j'étois un rebelle, un féditieux, un criminel de Leze-Majefté, comme il ofe
m'en accufer, pourquoi ne m'a-t-il pas fait juger
légalement ? Dira-t-il qu'il n'étoit point autorifé à le
faire ? Mais des crimes de cette nature doivent être
pourfuivis & punis par-tout où ils fe commettent.
Pourquoi du moins m'a-t-il laiffé, pendant trois années entieres que j'ai été aux arrêts, la liberté de me
fouftraire, par la fuite, au châtiment qui m'étoit ré-
fervé ? Que M. de Kerlerec concilie, s'il le peut, la
qualité de l'accufation qu'il intente aujourd'hui contre
moi avec l'indifférence qu'il a montrée à s'affurer d'une
victime dont les Loix auroient prononcé la mort.

Je ne demande point de grace : fi je fuis coupable de l'attentat qu'il m'impute, le fupplice le plus
honteux peut feul me le faire expier ; mais fi je fuis
innocent, que ne dois-je pas attendre de la juftice
du Roi & de l'équité de fon Miniftre ? M. de Kerlerec, comptable de toutes les furprifes qu'il a faites
à la Religion de Sa Majefté, échappera-t-il à la punition due à tant de prévarications ?

Tels font les faits principaux dont j'avois à rendre
compte, & les obfervations que j'ai cru devoir faire fur
la maniere indigne dont M. de Kerlerec s'eft joué de
mon honneur, de ma vie & de ma fortune.

Je demande donc à mon Confeil, quelle route je
dois fuivre pour obtenir les réparations que je crois
mériter à tant de titres, foit du côté de l'honneur,
foit du côté de la fortune.

PHILIPPE DE MARIGNY DE MANDEVILLE.

CONSULTATION.

LE fouffigné, qui a lu un Mémoire à confulter pour M. DE MANDEVILLE, contre M. DE KERLE-REC, & qui a vu les Pieces juftificatives qui y font énoncées :

Eft d'avis, que M. de Mandeville peut avec confiance s'adreffer au Roi, pour obtenir les réparations d'honneur & les dommages intérêts qu'il eft en droit aujourd'hui de prétendre contre M. de Kerlerec.

Ce n'eft point à nous à prononcer fur la maniere dont ce Gouverneur de la Louyfiane a dû ufer des pouvoirs qui lui étoient confiés, relativement à l'adminiftration publique de la Colonie, où il avoit l'honneur de repréfenter le Souverain.

Si l'affaire étoit engagée dans un Tribunal réglé, & qu'il fût queftion d'examiner, d'après les Loix qui conftituent notre droit, ce que M. de Kerlerec a fait & ce qu'il a pu faire, il nous feroit aifé d'établir, en conféquence des faits prouvés, qu'un Gouverneur qui ofe facrifier l'intérêt public à fes vues particulieres, & maltraiter de fideles Sujets du Roi, parce qu'ils ont préféré le fervice de l'Etat à toute autre confidération, eft digne de la plus févere punition ; mais il ne nous appartient pas de nous expliquer avant que Sa Majefté ait daigné ouvrir un libre cours à la Juftice, & nous devons attendre avec refpect, qu'elle

nous ait mis à portée de défendre l'innocence oppri-
mée, avec tout le courage & toute la liberté de notre
miniftere·

Nous ne pouvons donc dans les circonftances ac-
tuelles qu'indiquer à M. de Mandeville la route qu'il
doit fuivre pour parvenir à faire entendre fes juftes
plaintes.

M. de Kerlerec ofe accufer M. de Mandeville *du
crime de Leze-Majefté au fecond chef*, & c'eft comme coupable de révolte & de fédition qu'il l'a fait
emprifonner, qu'enfuite il lui a impofé les arrêts, &
qu'enfin il l'a expulfé de la Colonie & l'a envoyé en
France pour y recevoir la punition due aux délits capitaux dont il l'a chargé auprès du Gouvernement.

Mais d'abord, ou ce prétendu *crime de Leze-Majefté au fecond chef* a quelque fondement, ou ce n'eft
au contraire, de la part de M. de Kerlerec, qu'une
accufation calomnieufe.

Dans le premier cas, M. de Kerlerec eft inexcu-
fable de n'avoir pas fait conftater un délit fi capital dans toute la rigueur des formes judiciaires, &
de n'avoir pas fait prononcer une condamnation légale contre M. de Mandeville. Car en fuppofant
même que M. de Kerlerec n'ait pas voulu prendre
fur lui de punir un crime de cette qualité, le devoir
de fa place l'obligeoit toujours à en raffembler les
preuves, & à les fixer invariablement fous le fceau
d'une information judiciaire. Il ne l'a pas fait. Eft-ce
donc que ces preuves lui manquoient? ou les Loix

fe feroient-elles élevées contre l'Accufateur lui-même , en faveur de l'Accufé ?

Dans la feconde hypothefe, & en fuppofant auffi que le mot de *crime de Leze-Majefté* n'ait été, dans la bouche de M. de Kerlerec, qu'une accufation vague, imaginée pour écarter du fein de la Nouvelle-Orléans & de la Colonie, M. de Mandeville & tant d'autres braves Officiers, qu'il regardoit, avec raifon, comme des Cenfeurs redoutables de toutes les innovations qu'il fe permettoit, il n'y a point de réparations d'honneur affez fortes, point de dédommagemens affez confidérables pour-compenfer tout ce que M. de Mandeville a fouffert, foit dans fon honneur, foit dans fes biens.

Traité dans la Colonie comme un rebelle & un féditieux, tandis qu'il réclamoit l'exécution des Ordonnances que M. de Kerlerec auroit dû faire exécuter, deshonoré aux yeux du Public, qui ne juge que fur les apparences, arraché du fein de fa famille, fans qu'on lui ait feulement donné le temps d'arranger fes affaires domeftiques, chaffé enfin de la Colonie comme un fcélérat deftiné à la mort la plus ignominieufe, il eft en droit de demander des Juges, & toutes les Loix lui ouvrent une action infaillible contre fon Accufateur.

M. de Mandeville doit donc s'adreffer au Roi & au Miniftre avec la confiance la plus entiere, pour faire nommer un Tribunal qui foit autorifé à prononcer entre lui, & M. de Kerlerec.

I

Ce fera dans ce Tribunal que la vérité s'éclaircira, & que M. de Kerlerec, ou parviendra à fe juftifier fur tant de chefs d'accufation que la voix publique éleve contre lui, ou que convaincu d'impofture dans tout ce qu'il a allégué contre un Militaire eftimable, il fera condamné à réparer les injuftices énormes qu'il lui a faites.

Délibéré à Paris, le 20 Mars 1765, LEROY.

De l'Imprimerie de GUILLAUME DESPREZ, Imprimeur du Roi & du Clergé de France, rue Saint-Jacques.